사람을 잇대어 살아야 해요

사람을 잇대어 살아야 해요

한승진 지음

이담 Books

이 책을 2010년 4월 28일에 태어난 사랑하는 아들 한가람(韓加濫)에게 아비의 사랑을 담아 줍니다. 흔히 물보다 진한 것이 피라고 하는데 이를 넘어서는 소중한 것이 있습니다. 바로 '정(情)'입니다. 사실 저와 가람이는(둘째 겨레도 그렇지만요) 혈액형이 다릅니다. 저는 A형이고, 겨레는 B형이고, 가람이는 AB형입니다. 그러니 저희는 피로 맺어진 사이가 아니라, 가슴으로 맺어진 사귐입니다. 서로의 다름이 거리감이나 다름이 아니라 서로를 잇대어 주는 아름다운 사귐이 될 것을 믿습니다.

아비의 바람은 가람이가 흐르는 가람의 젖줄로, 생명샘 물줄기로 이 민족의 역사 굴곡을 함께해 온 4대강(한강, 낙동강, 금강, 영산강)과 함께 어우러지는 생태친화적인 삶을 살기를 바랍니다. 저와 다른 삶의 방식으로 생각과 느낌의 삐자(삐딱함과 자유함)로 살기를 바랍니다. 그에 따라 속깨나 썩겠지만요. 아비가 바랄 것이 없습니다.

… 책을 내면서

언젠가 서울대학교 조동일 교수님의 『우리 학문의 길』을 읽으면서 많은 부분에서 공감하는 바가 컸습니다. 교수님은 요즘 우리나라 출판 경향이 하나의 주제 아래 일관성 있게 쓰인 것이 아니라, 여기저기 논문이나 잡문들을 모아서 엮어 낸 모음이며, 여기엔 독창적인 이론이 전개되기 힘들며 깊이가 부족함을 날가롭게 지적해 내셨습니다. 이러한 비판에 '맞아' '맞아' 하던 제 모습이 생각나서 저 혼자 쓴웃음 지어 보았습니다.

그저 한 사람의 독자로는 교수님의 말씀에 동의하면서 정작 제가 글을 쓰게 되니 제가 이 비판의 대상이 되고 있습니다. 이를 알면서도 이 책을 내놓음은 중년기 초입의 삶을 반추해 보고, 제 삶의 편린들을 하나하나 일기 쓰듯이 드러내 보면서 저를 살펴보고, 이를 독자들과 진솔하게 나누고 싶었습니다.

요즘 작은 농촌학교에서 일하는 제 삶의 자리가 그저 그런 대체 기능한 초라한 삶이 아니라 하나의 축복의 자리임을 되새겨 보곤 합니다.

씨앗 하나가 검은 흙 속에서 저토록 향기 나는 사과 꽃으로 변할 수 있는 것이라면, 곱게 피어나는 들꽃 한 송이에서 우주를 바라보고 사랑과 진실이 어우러지는 삶을 향해 가는 또 얼마나 풍성한 열매를 얻을 것이며 얼마나 아름다운 여행의 추억을 만들 수 있을까 하는 생각을 해 보곤 합니다. 그러므로 삶이란 얼마나 아름다운 것인지요. 진실로 믿음이란 지금 없는 것을 보는 것이기에 사람 사귐의 깊은 감동을 믿고 그 감동 속에 스며든 사랑과 진실을 믿으며 살고 싶습니다. '잡문(雜文)'이라는 형식이 조금은 성의 없어 보이나 그런대로 그것이 담아낸 문학성과 시사성이 결합된 형식이라서 좋습니다.

이 책은 처음에는 그저 제 삶을 드러내는 일기로 시작한 것입니다. 그러다가 문득 일기라는 제목으로 여러 지인들과 나누고 싶다는 자기표현의 욕구가 저를 휘감아 버렸습니다. 그렇게 해서 일기라는 제목으로 여러 지인들에게 이메일을 발송하였습니다. 그러다 보니 저를 아는 분들이 제 삶과 아이들과 학교 이야기를 접하게 되면서 제가 펼쳐 내는 담담한 이야기에 마치 곁눈질하는 기분으로 읽으면서 반응을 보여 주시고, 또 그에 대한 자신의 삶을 나누어 주시기도 하셨습니다. 사실 일기라는 것이 스스로에 대한 글인데 이를 공개 형식으로 펼쳐 내면서 일기 본연의 글도 아니고, 자기주장을 펼치는 칼럼도 아닌 모호한 잡문이 되고 말았습니다.

무릇 일기란 스스로에게 쓰는 글입니다. 일기의 작용은 자신의 내면에게 스스로 거는 하나의 대화일 것인데 이를 여러 지인들과 나누는 이중구조를 배제할 수 없는 형편이 되었습니다. 이렇게 공개형식의 일기로 인해 스스로에게 자신만의 공간을 부여하여, 저 자신만의 공간이 갖는 그 안에서 내면의 어두운 구석에 대한 한탄이나 슬픔이나 비감 등이 마음껏 숨 쉴 수 있는 공간을 가질 수 없게 되었습니다. 이를 지인들과 나누다 보니 어두운 구석보다는 세상을 밝게 긍정적으로 어떠한 다짐 같은 것이 지속되고 말았습니다. 일기란 이러한 다짐만을 위한 도구이라기보다는 우리 안에 어두운 구석에 대하여 풀어 놓을 수 있는 공간이 될 수 있을 것입니다. 또한 그러한 작업이 필요하기도 합니다.

문득 공개형식의 일기로 인해 잃어버린 자기치유의 사랑밭은 없어지고 말았지만 어느 작은 농촌학교 선생의 이야기를 펼쳐 내는 것도 의미 있는 일이 아닌가 싶습니다. 루쉰의 『고향』에 나오는 인상 깊은 구절입니다. "희망은 원래 있다고도 할 수 없고 없다고도 할 수 없습니다. 그것은 마치 땅 위의 길과 같은 것입니다. 원래 땅 위에는 길이 없었습니다. 걸어가는 사람이 하나 둘씩 생겨나고 그 숫자가 많아지면 그것이 길이 되는 것입니다." 얕은 못의 물이라도 바다를 본받을 수 있다는 마음으로 제 사람됨의 흔적들을 꾸밈없이 수다 떨듯 펼쳐 내고 싶습니다. 그저 작은 농촌학교에서 고요한 삶의 울림을 펼쳐 내는 것도 고운 추억의 책갈피는 될 듯하다는 생각에 잃어버린 일기에 대한 아쉬움을 애써 감추고자 합니다.

삼가 마음에 조심스러움은 그저 목사로, 선생으로, 어설픈 아비로 살아가는 제 모습을 일기처럼 드러내다 보니 혼자 보고, 반성하고 말면 좋을 삐딱선의 글들이 보는 분들의 마음을 상하게 하거나 치밀어 오르는 화를 드러낼 수도 있을 것입니다. 더욱이 기독교 신앙이나 자녀교육 등에 대한 긍정적인 시각이나 처음 단계에 들어선 분들에겐 이 책이 도움이 되지 않을 것입니다. 이 책은 그저 같은 시대를 살아가는 그저 그런 사람이 자신의 미숙한 삶의 편린들과 정선되지 않은 설익은 잡동사니 생각꾸러미를 펼쳐 냄으로 여기시고, 마음에 담지 말아 주시기 바랍니다. 글이란 게 일정 부분 글쓴이의 자기표현과 주장함이 드러나지만 제 글은 뚜렷한 외침을 목적으로 펼쳐 낸 것이 아닙니다.

간곡히 부탁드림은 독자 제위의 성숙한 글 읽기로 옹색한 글샘 펼침을 지나치게 평가하시거나 판단함이 없이, 그저 자기 주관대로 봐 주시기를 바랍니다. 이 책에 대해 필요 이상의 민감한 시선으로 이단(異端)시하는 것도, 혹은 공감이 지나쳐서 기대 이상의 긍정적인 평가를 해 주심도 바라지 않습니다. 더욱이 어느 조직이나 특정인을 비난하거나 평가하려는 의도는 전혀 없음도 밝혀 둡니다. 이 책이 분명한 논조로 강한 파괴력을 지니는 '안티(Anti)'가 되지 않을 것입니다. 그저 서툰 삶의 편린을 드러내는 남의 일기를 보는 재미로 봐 주시기를 바랍니다. 그 이상도 그 이하도 아니기를 바랍니다.

이번에도 새삼 글을 쓰고 다듬고 책으로 엮어 내면서 느끼는 것은 이 일이 저 혼자서는 엄두조차 낼 수 없는 작업이라는 사실입니다. 이 일을 진행하면서 몇 차례의 고비를 넘길 때마다 소중한 분들이 위로와 격려와 조언을 아끼지 않으셨습니다. 이 큰 사랑에 감읍(感泣)하면서, 가슴 깊이 되새기곤 하였습니다. 이 책은 저만의 저작물이 아닌 여러 지인들의 사랑 깊은 사귐이 모아진 결정체입니다. 이 책은 전문적인 학술서적이 아닌 잡문이다 보니 그 성격상 큰 도움을 받은 귀한 책들과 그 외 자료들의 출처를 일일이 밝히지 못한 점에 대해서 저자 여러분과 독자 여러분께 양해를 구합니다.

이 자리를 빌려, 저를 낳아 주시고 길러 주신 부모님(한기원, 장권자)과 처가 부모님(이원용, 장춘자)의 사랑과 그동안 오랜 배움의 길에서 가르침을 주신 스승님들과 동학들의 사랑에 깊이 감사드립니다.

또한 이 책에 실명과 글을 허락해 주신 분들과 글샘의 방향을 잡아 나가도록 도움을 주신 소중한 지인(知人)들의 사랑과 어눌한 생각을 담아낸 거친 졸고를 꼼꼼하게 교열해 주시고, 조언을 아끼지 않은 소중한 분들과 조소연, 한지연 님, 사랑하는 아내 이희순, 그리고 자주 놀아 주지 못한 아비의 미안한 마음을 담아 사랑이와 겨레와 가람이에게도 머리 숙여 깊은 감사를 표합니다.

또한 어려운 출판여건에도 첨단 기기를 갖춘 출판역량으로 책을 낼 수 있도록 해 주신 한국학술정보(주) 채종준 대표님과 출판기획팀 권성용 님을 비롯한 여러분의 노고에 감사드립니다. 또한 이 책을 만드는 과정에서 기획, 편집, 홍보, 인쇄, 판매 등으로 노고를 감당해 주신 노동의 일꾼님들께도 진심으로 감사드립니다.

맑고 푸른 가을 하늘을 만끽하는 날에
올곧게 하늘 향해 두 팔 벌린 나무 그늘 아래에서
한승진 올림

차례

책을 내면서 5

제1부 중년기에 드는 이 생각, 저 생각

작은 소유 큰 기쁨으로 살아요 – 17
중년기의 의미 찾기 – 26
무감어수 감어인 – 32
젊음의 열정이 부러워요 – 38
좋은 독자가 좋은 작가를 만들어요 – 42
사람 사귐 – 47
먼저 해야 할 일 – 49
상담은 구도자의 삶인가 봅니다 – 51
좋은 직장 만들어 가요 – 59
삶이 아름다운 이유 – 64
벼락치기와 자유혼 그리고 어수선한 삶의 편린들 – 68
아련한 추억으로 오늘 하루를 보냈습니다 – 77
아련한 바람결에 느껴보는 삶의 편린 – 89
사람은 잇대어 살아야 해요 – 94
바른 교회를 꿈꾸며 – 100
목사가 채워 나갈 참된 가치 – 104

제2부 사랑하는 가족, 삶의 의미

행복, 그 이름의 근원이여! 소중한 가족 – 115
저는 종이랍니다 – 125
저 푸른 하늘빛을 향해 날아오를 아이들을 꿈꾸며 – 129
삐자가 좋아요 135
가람이를 맞이하면서 다짐해 봅니다 – 139
가람이 지혜 – 148
규율대장 한사랑 – 150
성격미인, 정신건강미인 – 154
느림의 미학을 일깨워 준 아들 겨레와의 산책 – 161
겨레의 스트레스 – 168

제3부 젊은 날의 추억

우리 서로 사랑하자 – 173
연희가 보내 준 편지모음 – 179
성미가 보내 준 편지모음 – 194
수진이가 보내 준 편지모음 – 211

글을 마치면서 222

제1부

중년기에 드는 이 생각, 저 생각

::작은 소유, 큰 기쁨으로 살아요

언젠가 가족나들이로 시내 대형마트에 간 적이 있습니다. 휴일이라 그런지 인산인해를 이룬 모습, 여기저기 상품 판매에 열을 올려대는 고성들, 분주하게 오고 가는 사람들의 모습이 왠지 어수선한 느낌이 들었습니다. 잰걸음으로 에스컬레이터를 타는 사람들, 바쁘게 승강기를 기다리는 사람들이 말없이 서로를 바라보며 시간 가는 것을 견디는 듯하였습니다. 서로의 표정 하나하나가 무겁습니다. 사람들은 시간을 단축시켜 주는 고마운 기계 앞에서 더욱 초조하고, 조바심을 내는 듯하였습니다.

문득 스텐 나돌니의 『느림의 발견』에서 본 구절이 생각났습니다. 이 책에 나오는 구절입니다. "강물을 타고 빠른 속도로 갈 수 있는 겨우 한 번 있는 기회에 왔습니다. 인디언들은 갑자기 더 이상 가려고 하지 않았습니다. 그들은 영혼이 아직 따라오지 못했으니 기다려야 한다고 했습니다."

소설 속 북극 인디언들은 빠른 속도를 정상적이라고 생각하지 않습니다. 그들은 우리와는 다른 삶의 방식을 보여 주었습니다. 이 다름으로 이 책은 느림을 견디지 못하는 현대인에게 말을 걸고, '왜들 그러고 사나?'는 질문이 들어 있었습니다. 왜 큰 동물들은 작은 동물들보다 더 느리게 움직이는지, 닭은 왜 딴 데를 보면서 정확하게 모이를 주워 먹는지와 같은 세미한 관찰들이 넘쳐 났습니다.

이 책에서 느림이란 게 그저 게으른 것이 아닌 진정한 부지런함을 의미하는 것임을 보았습니다. 한 권의 책을 쓰는 사람은 계속 절망할 수 없습니다. 문장을 만드는 그 모든 절망들은 부지런함으로써 극복될 수 있는 것 같습니다.

요즘 사람들은 분주하게 사는 것 같습니다. 무엇에 쫓기듯이 이곳저곳에 눈을 돌리곤 합니다. 치열한 경쟁사회 속에서 살아남기 위한 처절한 몸부림과 높아지고자 하는 열망으로 치닫는 듯합니다. 어린 아이부터 어른에 이르기까지 다양한 세대가 너 나 할 것 없습니다. 요즘 신조어로 '샐러던트(샐러리맨과 스튜던트의 합성어)'라는 말이 있습니다. 퇴근 후에도 영어와 자격증과 대학원 등으로 공부하는 직장인들이 많습니다. 이 중에는 회사원은 물론 공무원과 교사와 성직자 등 참으로 다양합니다. 그런데 이런 공부가 그저 취미나 자기 계발을 위한 것이 아니라 사회적 압력에 의해, 더 높아지기 위한, 자신의 상품가치를 높이기 위한 몸부림인 듯하여 씁쓸합니다.

요즘 또 새로운 신조어로 '갤러리맨'이라는 말이 있습니다. 골프경기의 관람객을 일컫는 갤러리를 비유한 말로, 직장의 모든 일을 마치 골프 경기 구경하듯이 관망하는 직장인을 그렇게 부른다고 합니다. 아무리 일을 잘해도 줄을 잘못 서면 바로 밀려나는 상사들을 보며, 어느 날 갑자기 옆 책상이 사라지는 것을 보며 가늘고 길게 사는 것이 인생 최대의 목적이 된 사람들에게 주인 의식이란 게 있을 리 없습니다. 일을 더 잘하기 위해 애쓰지 않으며, 그저 주어진 일에

만 충실하고 세태의 흐름을 눈치껏 읽어 적당히 따라갈 뿐입니다. 느림의 미학을 발견치 못하고, 쫓기듯 살아가는 모습들과 그저 보신에 치중하는 복지부동의 삶이 오늘 저의 모습인 듯하여 그저 쓴웃음 지어 봅니다.

요즘 마음이 좀 허합니다. 인간관계라는 게 정답이 없나 봅니다. 사귐의 양상도, 평가도 천차만별입니다. 나이가 들면 더 성숙해지고 어른 노릇을 잘해야 하는데 어떤 분들을 보면 오히려 더 독선과 아집으로 더 어려지는 것만 같습니다. 그저 자신의 살아온 경험이 후배들에게 살아 있는 전설이 되기를 바라고, 나 아니면 안 된다는 자기 확신이 눈살을 찌푸리게 하곤 합니다. 높아지면 넓은 마음이란 것과는 담을 쌓고 멀어져야 하는 건 아니겠지요. 혹시 높아지려면 높은 곳을 향해 집중하면서 더불어 사는 길과 낮은 사람과 함께함은 기대도 하지 말아야 하는 건가요? 그렇게들 살아야 하는 건가 싶습니다. 이런 생각을 하면 참 착잡해집니다.

요즘 무엇을 위해 살아야 하는가 하는 생각을 해보곤 합니다. 첫째 딸 사랑이를 낳으면서 커다란 체험을 하였습니다. 갑작스러운 아내의 임신중 독으로 920그램이라는 초극저체중 미숙아로 태어난 사랑이는 그날부터 98일간 대학병원 신생아중환자실에서 지내야만 했습니다. 그때 매일같이 병원에 가서 가녀린 사랑이를 보고, 눈덩이처럼 불어 가는 치료비를 걱정하면서 보냈습니다. 그러던 어느 날 문득 이런 생각이 들었습니다. '내가 가진 모든 것을 다 잃는다 해도 아무렇지도 않다. 그저 사랑하는 딸만 살아 준다면 내 모든 소유, 소망을 다 내준다 해도 상관없다. 설령 사랑이가 공부를 못해도, 조금 건강치 못해도 좋다. 그저 살아만 준다면…….'

이런 생각의 실타래가 풀어 가면서 사랑이에게 바라는 것 하나 없는 무욕의 순간을 경험하였습니다. 그러면서 분주하게 살아온 제 삶의 욕망과 소망도 내려놓음을 경험하였습니다. 그 순간 수년째 앓아온 병고에 대한 두려움과 경제적인 걱정도 사라졌습니다. 집착을 버리고 나서 얻는 홀가분한 내려놓음의 자유가 제 가슴속에 가득해지면서 쓸데없는 두려움과 마음을 혼미하게 하는 잡념들도 사라졌습니다.

언젠가 죽음의 수용소에서 살아남은 빅터 프랭클의 글에서도 비슷한 고백을 한 것이 기억납니다. 그는 아우슈비츠에 끌려갔을 때, 오랫동안 연구하고 고생하여 쓰고 이제 막 출판을 앞둔 옥고(玉稿)를 가지고 있었습니다. 그는 저명한 신경정신과 의사였지만 수용소에서 그의 모든 지위와 명성은 아무 의미도 없었습니다. 더욱이 그는 다른 모든 소지품과 함께 그 옥고를 빼앗기고 말았습니다. 그에게 이 원고는 자신의 모든 것을 바쳐서 이룬 그야말로 자신의 삶 전체의 결정체와도 같은 것이었습니다. 허탈감과 절망감에 고개를 떨어뜨린 그에게 누군가 입으라고 건네준 것은 죽은 수감자의 옷이었습니다.

그는 하는 수 없이 허름한 옷을 입으려다가 문득 그 속에서 찢긴 기도서 조각을 발견했습니다. 거기엔 "진심으로 네 영혼과 마음과 힘을 다해 주를 사랑하라"는 구절이 적혀 있었습니다. 프랭클에게 그것은 "어떤 고통이나 심지어 죽음 앞에서까지 무슨 일이 닥치더라도 삶을 긍정하라"는 명령문과도 같았습니다. 그 순간 그는 원고에 대한 집착과 미련을 버렸습니다. 만일 '그 원고가 출판되느냐의 여부에 자기 인생의 의미와 가치가 달려 있다'면 그런 삶 자체가 무의미하게 생각되었습니다. 그 역시 욕심과 잡념을 한순간에 내려놓는 자유를 만끽하는 경지에 이른 것이었습니다.

이제 더 이상 두려울 것도, 잃을 것도 없게 된 그는 지옥 같은 3년의 수용소 생활을 견디고 살아남았습니다. 그리고 그 모든 경험을 녹여내어 의미요법이라는 심리치료의 새 장을 열었습니다. 집착은 불안과 두려움을 낳고 그것이 우울의 원인이 됩니다. 심리학에서 말하는 용어 중에 '성공 콤플렉스'라는 것이 있습니다. 이 말은 사회적으로 성공한 사람들이 언젠가는 그 자리에서 끌려 내려올 수밖에 없다는 불안과 두려움에 시달리는 것입니다. 결국 성공에 대한 집착과 자리 보존에 대한 열망이 일과 자신의 마음을 어그러지게 합니다. 그리고 '알렉산더 콤플렉스'라는 것도 있습니다.

이 말의 배경은 다음과 같습니다. 알렉산더 대왕이 당시 많은 나라를 정복하고 나서 펑펑 울었다고 합니다. '이게 웬일인가' 싶어 그 이유를 부하들이 물었더니, 알렉산더 대왕이 이렇게 말했다고 합니다. "이제 더 이상 정복할 땅이 없기 때문이다." 알렉산더는 그토록 오랜 세월 꿈꾸고 노력한 끝에 드디어 '세계정복'이라는 꿈을 이루었습니다. 그런데 왜 펑펑 울었을까요? 그것은 바로 이제 그는 더 이상 욕망을 채울 대상과 소망할 목표가 없게 되었기 때문입니다.

이 이야기가 주는 의미는 참된 행복은 욕망을 좇아 치열하게 사는 것이 아니라는 것입니다. 사람은 무엇으로 사는 걸까 싶습니다. 인생을 살아갈 힘과 용기를 얻는 참된 비결은 무엇일까요? 무엇을 이루는가, 이루었는가가 중요한 것은 사실이지만 그게 다는 아닌 듯합니다. 지향하는 권력과 명예와 지위 그런 것들이 최상은 아닌 듯합니다.

톨스토이 단편집에서 본 욕심에 대한 이야기도 생각납니다. 어느 땅 주인 아저씨가 그동안 자기 땅에서 일한 아저씨에게 고생했으니 지금부터 해가 지기까지 밟고 온 땅은 모두 주겠다고 했습니다. 그동안 자기 땅이 없어, 남의 땅에서 살아온 아저씨는 그 자리에서 뛸 듯이 기뻤습니다. 그래서 아침 일찍 있는 힘을 다해 달리기 시작했습니다. 한참을 달리다 보니 주인이 안 보일 정도로 멀리 온 것이었습니다. 평생 먹고살고도 남을 땅을 갖게 되었습니다. 그러나 그 순간 욕심이 났습니다. '조금 더 달려가서 힘껏 달리면 다시 돌아갈 수 있을 거야.' 그래서 그는 조금만 더 조금만 더 하다 보니 너무 멀리 와 버렸습니다. 그제야 하늘을 보니 해가 질 것만 같았습니다. 아차 싶은 마음에 있는 힘을 다해 돌아서서 달렸습니다. 드디어 출발한 곳에 다다랐습니다. 그런데 너무나 무리를 해서 그만 돌아와서는 쓰러져 죽고 말았습니다.

땅 주인은 이렇게 말했습니다. "이 사람의 땅은 우리 동네의 절반이나 될 뻔하였지만 지금 이 사람의 땅은 한 평의 무덤밖에 없구나." 사람의 욕심이란 게 끝이 없습니다. 자기 마음 조절도 쉬운 게 아닙니다. 이 사람은 욕심으로 인해 사망에 이르게 되었습니다. 지나친 욕심은 자기를 망치게 할 수 있습니다. 과유불급(過猶不及)이라는 말처럼 지나치면 모자람만 못합니다. 자기 분수에 적절하게 일하고 사는 게 지혜로운 일입니다.

신영복 선생님이 쓰신 『강의』에 나오는 말입니다. 『주역(周易)』에 대한 깊은 사색을 펼치시면서 제시하신 말씀입니다. 자기 능력이 100이라면 '70%의 자리' 정도의 일을 하는 게 득위(得位)의 비결입니다. 왜냐하면 자기 능력이 100인데 120 혹은 150 정도를 하게 되면 무리를 할 수밖에 없습니다. 그러다 보면 가족과 함께하는 시간이 적어지고, 자신만의 조용한 시간을 가질 수가 없게 됩니다. 실력이 모자라니 다른 사람의 눈치를 보게 되고, 일을 못해도 잘한 것이라고 우기게 됩니다. 그럴수록 다른 사람의 이야기는 안 듣게 되고, 무리하다가 건강을 잃을 수도 있습니다.

그런데 70% 정도 자리의 일을 하면 반대로 30% 정도의 시간과 마음의 여유를 갖고 일을 하게 됩니다. 그러니 자기 능력을 충분히 발휘할 수 있고, 자기를 채워 나가는 시간도 가질 수 있습니다. 가족과 함께하는 시간도 가지니 마음 편하게 살 수 있습니다. 물론 그에 따라 돈도 적게 벌고, 높은 자리도 얻지 못합니다. 그러나 그런 것에 마음을 빼앗기지 않으면 됩니다. 이건 책임을 피하려고 하는 게 아닙니다. 지혜로운 것으로 자신의 능력을 잘 알아서 그에 맞는 일을 하고, 욕심내지 않는 것입니다.

자기 능력 이상의 자리에서 과부하로 힘들어하지 말고, 특히 하나님의 말씀을 묵상하는 시간적 여유를 꼭 가지면 좋겠습니다. 맡은 일을 정성스럽게 잘하려고 하지만, 맡은 일의 가짓수가 너무 많고 그 일들이 너무 힘들면, 아무리 성실하고 싶어도 성실할 수 없는 경우가 있습니다. 그러니 성실하게 살기 위해서는, 자기가 할 수 있는 일의 가짓수를 줄이는 지혜도 필요합니다. 그러니까 그때그때 자기에게 가장 중요한 일이 무엇이며, 그보다 덜 중요한 일은 무엇인지, 또 중요하지 않은 일은 무엇인지를 잘 가늠할 줄 아는 지혜가 필요합니다. 이것저것 하고 싶다고 마구 일을 벌여 놓거나, 또 남이 이런 저런 일을 맡긴다고 해서 그 모든 요청을 다 들어주다 보면, 나중에는 능력과 시간도 모자라서 여러 가지 일 중에서 어느 하나도 제대로 할 수가 없고, 성실하지 못하게 되고 맙니다.

이렇게 자기에게 중요한 일을 잘 가려 알맞게 성실하게 살려면,

욕심을 버려야 합니다. 무엇인가를 남보다 앞서 잘, 많이 해내야 한다는 생각에 짓눌려 살다 보면, 자기도 모르는 사이에 자기 욕심의 종이 되고 맙니다. 반드시 하지 않아도 될 일까지 포함해서 자기 힘에 겹게 여러 가지 일을 하게 됩니다. 또 더러는 자기 능력을 지나치게 믿는 데서 그런 상황이 벌어지기도 합니다. 이런 욕심과 착각에서 벗어나지 못하면, 제아무리 열심히 살아도 성실하게 살기는 힘듭니다.

성실하지 못하게 되는 또 다른 경우는 마음이 잡히지 않는 경우입니다. 이건 지금 내가 해야 할 일이 뭔 줄 알지만 마음이 어지러워 못 하는 것을 말합니다. 그러니 평소에 자기 마음을 잘 다스리는 수양이 필요합니다. 그런데 이게 참 어렵습니다. 그러니까 날마다 하나님의 말씀을 읽고, 기도하는 생활을 해야 합니다.

내 마음이 꽉 차서

박재순

내 마음이 꽉 차서
말씀을 들을 틈이 없습니다.
내 마음이 너무 바빠서
벗들의 말에 귀를 기울이지 못합니다.
생각과 욕심, 상처와 노여움으로
속이 막혀서
생명의 님이 계실 자리가 없습니다.
그저 놓아버리면 자유롭고
그저 쉬면 편안하고
조금 뚫리면 하늘 바람이 불어오련만
나는 갈수록 작아지고 좁아집니다.

하나님, 내 속에 오셔서
내 마음을 비워주셔요.
말씀이 살아 있고
벗이 살아 있게 하셔요.

어느 곳에서 무엇을 하든지 내면의 자신이 든든히 서 있는 성숙이라면, 언제라도 마음을 비울 수 있을 것입니다. 두려움을 극복하려면 자기 앞에 놓인 있는 모습 그대로를 인정하고 받아들이고 그것에 따라 행동하면 될 것입니다.

::중년기의 의미 찾기

언젠가 어느 글에서 본 빅터 프랭클에 대한 이야기를 생각나는 대로 정리해 봅니다. 기차에서 내려 길게 두 줄로 선 사람들은 검은색 제복 차림의 비밀 친위대 장교 앞을 지나가게 되어 있었습니다. 장교는 자기 앞을 지나치는 사람들을 한 번 흘끗 쳐다보고는 손가락으로 왼쪽, 오른쪽으로 가라는 지시를 내렸습니다. 행렬이 점점 짧아지면서 오른쪽보다는 왼쪽에 사람들이 훨씬 많아졌습니다.

친위대 장교는 프랭클이 자신 앞으로 오자 이번에는 꽤 오래 그를 쳐다보았습니다. 그러더니 프랭클의 어깨에 손을 얹고 매우 느린 동작으로 그를 오른쪽으로 돌려세웠습니다. 그날 밤, 프랭클은 오래된 동료 수감자에게 왼쪽에 섰던 사람들은 어디로 보내졌는지 물어보았습니다. 그러자 동료는 높다란 굴뚝을 가리켰습니다. 굴뚝은 시커먼 연기를 쉬지 않고 내뿜고 있었습니다. 그들은 모두 가스실로 끌려가 죽임을 당했던 것입니다. 그날 프랭클과 함께 끌려온 사람들 중 10%만이 살아남았습니다.

그 후 프랭클은 다시 한번 운명의 반전을 경험합니다. 전쟁이 끝나 갈 무렵, 수용소에는 수감자들만 남게 되었습니다. 수용소를 감시

하던 독일군들이 달아나 버린 것입니다. 살아남은 사람들은 '이대로 수용소에 남아 기다릴 것인가, 아니면 한 발자국이라도 먼저 연합군을 찾아갈 것인가' 하는 문제로 논란을 벌였습니다. 결국 자신의 의지에 따라 떠나는 사람과 남는 사람으로 나누어졌습니다. 프랭클은 남는 쪽을 선택했습니다. 그 결과 떠난 사람들은 모두 폭격을 맞아 죽었으나 수용소에서 기다리던 사람들은 연합군의 도움을 받아 모두 살아남았습니다.

그는 훗날 수용소의 경험을 회고하며 이런 말을 하였습니다. "인간이란 존재는 마치 큰 강물을 따라 흐르는 조약돌과 같다. 자신이 이리저리 방향을 바꿀 수는 있으나 강물의 흐름에서 벗어날 수는 없다." 왜 누구는 죽고 누구는 살아남는가? 왜 나는 아닌가? 운명이란 정말 정해져 있는 것인가, 자유의지는 실재하긴 하는가, 단지 환상일 뿐인가 하는 물음에 선뜻 대답할 수 있는 사람이 과연 얼마나 될까요.

프랭클은 수용소 경험 이후 신의 섭리와 인간의 자유의지에 관해 여러 가지 견해를 내놓았습니다. 모든 가치를 파괴당하고 오직 잔혹성만이 남아 있는 수용소 생활은 그에게 삶이 얼마나 끔찍한 고통인지를 체험하게 했습니다. 그러나 살아남으려면 그 고통스러운 삶 속에서도 뭔가 의미를 찾아내지 않으면 안 되었습니다. 그 의미를 찾기 위해서는 개인적 책임이 필요하며 그것이 곧 자유의지의 발현이라는 것이 그의 생각이었습니다. 불가피한 고통과 같은 삶의 비극적이고 부정적인 요소들까지도 그것을 받아들이는 태도에 따라 달라지므로 그것이 곧 자유의지의 발현이자 삶의 의미를 찾는 길입니다.

이제껏 살아오면서 전혀 생각지도 못한 경우가 참 많았습니다. 때로는 야속하게도 열심히 노력한 것이 갑작스러운 제도적 변화로 좌

절되는 경우도 있었고, 갑작스런 마음의 흐트러짐으로 판단력을 흐리게 하여 선택을 그르친 경우도 많았습니다. 그럴 때마다 하나님을 원망하고, 세상을 원망하고, 못난 저 자신을 질책하였습니다. 그런데 참 묘한 것은 그런 실수와 실패가 오늘의 저를 만들어 온 자양분이었습니다.

만일 제 뜻대로 이루어졌다면, 오늘의 제 모습은 상상도 못 할 일입니다. 아마도 아내와의 결혼도, 전혀 연고 없는 곳에서 목사와 선생이 되지도 않았을 것입니다. 그러면 뭘 하면서 살고 있었을까 싶습니다. 그러니 오늘의 제가 잘해서 오늘에 이름도 아니고, 못나서 이 모양 이 꼴인 것도 아닙니다. 그야말로 신앙고백으로 하나님의 섭리임을 자백하게 됩니다. 그러니 오늘의 제 모습을 있는 모습 그대로 받아들여야 합니다. 그러면 마음이 편해지고 저 자신을 용납하게 되고, 제게 주어진 모든 것을 사랑하게 됩니다.

그런데 아직은 미숙한 사람됨인지요. 이런 경지에 이르지 못하여 아직도 불만과 원망과 자책감에 우울해지곤 합니다. 오늘 주어진 삶의 조건에서 한순간 일탈을 하고 싶고, 한 발을 살짝 빼고만 싶습니다. 이제 이곳에서 살면서 학교를 섬기고 결혼 생활을 한 지 10년이 되었습니다. 사랑하는 아내와 세 아이를 둔 가장입니다. 앞으로도 22년 근무가 가능한 그야말로 꿈의 직장인 정규교사 신분으로 삽니다. 남들이 부러워하는 5시 칼 퇴근과 방학이 직장의 매력을 더합니다. 어찌하다 보니 화려하진 않지만 길고 질긴 가방끈을 이어 오고 박사과정 공부도 합니다.

그리고 수필로 기독교문예지에 등단도 하고 책을 두 권이나 냈고, 여러 학술논문과 잡문을 연이어 씁니다. 그러니 수시로 여기저기 글에 제 이름 석 자를 드러내고 제 생각을 펼쳐 냅니다. 그러니 그다지 화려하진 않아도 나름대로는 열심히 살아온 삶입니다. 그런데 문득문득 외로움에, 허망함에 멍해지곤 합니다. 아무것도 안 하고 싶고, 어디론가 혼자서라도 가쁘게 떠나고 싶습니다. 어느 땐 어느 누구든 저를 이해해주고 받아주는 고운 사람의 따스한 품에 안겨 고요히 잠들고 싶고, 그 품 안에서 속 시원하게 울고 싶습니다. 왠지 모를 외로움과 의기소침의 이유가 무엇일까요?

뭔가 삶의 의미를 찾고자 부단히 애를 씁니다. 가족의 사랑, 높고 넓은 학구열, 글쓰기로 자기표현과 이름 내기, 제 역할 수행의 보람……. 이런 것들 어느 하나 소홀할 수 없는 소중한 제 삶입니다. 그런데 이것이 제게 진정한 삶의 의미인가 싶기도 합니다. 누군가 저에게 "왜 사느냐"고 물으면 어느 시인의 말대로 그냥 웃을 뿐 아무 말을 못 할 것입니다. 사실 그 시인과는 달리 어느 경지에 이르러서 그런 게 아니라 사실 할 말이 없으니 쓴웃음 지을 것 같습니다. 누구 하나 제게 "왜 사느냐"고 묻지 않습니다. 그저 문득 제 자신이 제게 묻곤 합니다. "왜 사느냐?" 뭐 흔한 말로 "죽지 못해 산다." 이렇게 대답하기엔 자존심도 상하고 그건 아니라고 항변하고 싶습니다만 그렇다고 뚜렷하게 몸부림치며 사는 이유를 대지 못함이 또한 제 모습입니다.

요즘은 저 자신의 마음도 잘 모르겠고, 사람 사귐은 더 모르겠습니다. 정말이지 인간관계는 정답이 없나 봅니다. 또한 무엇이 바르게 사는 건지도 잘 모르겠습니다. 그러니 참 아이들에게 미안합니다. 성경 말씀대로 시각장애인이 시각장애인을 인도하면 안 되는데 정작 아이들에게 설교와 교과지식을 통해 꿈과 삶과 바름의 도를 이야기해야 합니다. 제게 주어진 당위적 외침의 사명이 부담스럽습니다. 제가 인생의 깊이를 모르면서 인간의 삶의 지표와 하늘 뜻 펼침(설교)을 해야 함이 부담으로 다가옵니다. 이러니 누가 '목사'라고 부르면 제가 아닌 다른 분이길 바라는 마음이 있습니다. 제게 목사라는 역할규정과 호칭은 가장 어색하고 부담스럽습니다. 차라리 선생이 덜 불편합니다. 사실 선생도 뭔가를 일깨워 주고 가르치는 이로서 그 중요도가 목사에 못지않지만 그래도 선생은 흔하게 불리는 평상어이기도 해서 좋습니다. 뭐 꼭 학교 선생만 선생이 아니라 의사, 간호사를 지칭할 때도, 학원이나 교회에서 가르치는 이도, 심지어 지나가는 사람에게도 선생으로 부릅니다. 그런 점에서 저를 부르는 선생이란 용어는 덜 부담스럽습니다. 하기야 길을 가다가 모르는 이가 저더러 "아저씨" 하고 부르기도 합니다.

제가 가장 좋아하는 호칭은 제 아이들이 불러 주는 정다운 목소리, 사랑 가득한 목소리인 "아빠"입니다. 그리고 제 지위나 역할 규정이 제 이름 석 자를 가리니 친한 벗은 그냥 제 이름을 불러 주는 게 좋습니다. 그래서 집이 편한가 봅니다. 아내와 아이들은 제게 목사님, 선생님, 막연한 아저씨로 부르지 않습니다. 그냥 다정하게 "아빠"입니다. 가끔 고운 벗들은 그냥 제 이름을 불러 줍니다. 저도 가끔 제 이름을 잊고 사는데 이름을 마구 불러 줍니다. 제 가면과 가식을 훌훌 털어 버리고 사귐을 갖는 고운 벗들이 참 좋은데 요즘은 그럴 벗들도 드뭅니다. 다들 어디론가 떠나 버린 듯합니다. 아련한 추억 속으로 떠나고 싶은 마음에 옛사람들을 떠올려 보고 연락해 보곤 합니다. 오랜 세월 무심히 지내왔음에도 반갑게 교우하다 보면 옛 추억이 순식간에 되살아나면서 정다움을 더해 줍니다. 나이 들어 감인지요. 새로운 사귐보다 옛사람들을 새록새록 깊은 기억 속에서 끄집어 내 보곤 합니다. 문득 고운 추억에 혼자서 웃음 지어 봅니다. 어느 하늘 아래서 잘 살고 있을지……. 가끔 그들도 내 생각을 할까 싶습니다. 이래서 나이 들면 동창회를 좋아하나 봅니다.

:: 무감어수 감어인

'무감어수 감어인(無鑒於水 鑒於人)'이라는 말이 있습니다. 이 말은 물에다 얼굴을 비추지 말고 사람에게 자신을 비추어 보라는 말로 거울에 얼굴을 비추어, 나타난 자신의 겉모습에 집착하지 말고 사람들에게 자신을 비추어보면서 내면을 성찰하라는 말입니다. 이에 대해 신영복 선생님의 서화집이 생각납니다. 물에 얼굴을 비추지 말라는 경구는 물을 거울로 삼던 시대의 이야기입니다. 모름지기 사람에게 비추어 보아야 합니다. 사람들 속에 자신을 세우고 사람들과의 관계 속에서 자신을 키워 가야 합니다. 사람과의 관계가 참 중요합니다.

제가 좋아하는 성경 로마서 8장 28절을 늘 가슴에 되새겨 보곤 합니다. "하나님을 사랑하는 자 곧 그 뜻대로 부르심을 입은 자들에게는 모든 것이 합력하여 선을 이루느니라." 그러니까 이 말씀은 다른 사람과 합력(合力)할 줄 모르는 사람은 하나님의 뜻대로 부르심을 입은 사람이 아니라는 말이고, 하나님을 사랑하지 않는 사람이라는 말로 이해할 수 있습니다. 하나님을 사랑하는지, 하나님의 뜻대로 부르심을 입은 사람인지는 쉽게 눈으로 분간하기는 어렵습니다. 이를 쉽게 알 수 있는 것이 바로 다른 사람과 합력하는가일 것입니다. 다른 사람을 존귀하게 여기고 나보다 남을 높게 여기는 마음, 그런 마음으로 나와 남을, 틀림이 아닌 다양성으로 이해하여 남을 인정하고 남에게서 배우려는 마음가짐이 있어야 할 것입니다.

오늘 저의 삶에 미움, 다툼, 시기, 질투가 가득한 듯하여 부끄럽습니다. 남을 의식하지 말고 제게 주어진 사명의 길을, 하나님의 아름다운 꿈을 이루어 드리는 길에 전념하다 보면 남을 의식할 겨를이 없는데 왜 이렇게 자꾸만 한 눈을 팔곤하는 건지 모르겠습니다. 오늘 문득 하나님이 만들어 주신 하늘 높이 올곧게 서 있는 나무를 보면서 눈에 보이지 않는 나무의 나이테의 깊이를 떠올려 보았습니다. 성경에보면, 기독교인들을 가리켜 '그리스도의 편지', '그리스도의 향기'란 표현을 합니다. 지금 저에게서 어떤 냄새가, 어떤 향기가 풍겨나고 있는지 돌아보아야 할 듯합니다.

오늘 문득 다른 사람에게 비추어 보는 자기 성찰이 참 중요한 것 같다는 생각을 해 봅니다. 그런데 스스로의 모습을 돌아보고 살피는 일이 생각만큼 쉽지 않습니다. 자기 자신의 잘한 모습, 자랑스러운 모습을 보는 것보다 부끄럽고, 숨기고 싶은 모습을 보며 반성하는 일이 더욱 많이 요구되는 과정이기 때문에 그런가 봅니다. 스스로의 부끄러운 모습을 가감 없이 들여다보기. 이것이야말로 하나님 앞에 올바르게 서는 일이며 하나님의 빛 가운데 스스로를 드러내는 일이기도 합니다.

우리 사회의 이른바 '지도자'라고 하는 사람들이 빠지기 쉬운 함정이라면 다음과 같은 것들이 있을 것입니다. 기억을 조작하는 것으로, 필요한 것, 혹은 자신을 중심에 놓고 볼 때 믿고 싶은 것만을 기억합니다. 사실, 혹은 진실 여부는 중요하지 않습니다. 손쉽게 조작된 기억력은 지도자들에게는 매우 달콤한 함정입니다. 귀보다는 입이 앞서 나가는가 봅니다. 듣는 것처럼 보이지만 사실은 다음에 무슨 말을 할 것인지 메모하거나 생각하는 중인 경우가 많습니다. 그리고 다른 사람의 말이 끝나기를 기다려 재빨리 자신의 이야기를 풀어놓곤 합니다. 물론, 편리하게 맞춰진 기억들과 함께 자신의 업적을 부풀리는 일은 결코 잊지 않는 것이 지도자들이 쉽게 빠지는 함정인가 봅니다.

어떤 형태이건 '힘'에 의존하거나 힘을 숭배하곤 합니다. 힘 있는 사람들이거나 힘 있어 보이는 사람들에게는 최대한 낮은 자세를 취하고, 자기보다 조금이라도 약해 보이는 사람들은 가차 없이 무시하고 모욕하고 이용하기를 서슴지 않는 편리한 삶의 방식인 것 같습니다. 안타까운 것은 이런 모습이 우리 교회와 선교기관들의 지도자들도 예외가 아니라는 것입니다.

어느 분에게 들은 이야기입니다. "교회 다니는 사람이 모범이 되어야 하는데 어느 때 보면 교회 다니는 사람들이 더한다." 이 말에 교인의 한 사람으로서, 더욱이 설익은 목사로 살아가는 이로서 부끄러움을 느꼈습니다. 사실 교회와 선교기관이라고 하는 곳이 도덕적으로 완벽할 수는 없지만 그래도 기본적으로 기대하는 것이 있으니 화목하고, 신앙적으로 더 좋아야 하는데, 그게 아닌 경우가 많은 게 사실입니다. 우리의 교회나 선교 기관들이 세상의 빛과 소금이 되고, 그 안의 사귐이 고운 빛깔을 내면 얼마나 좋을까요. 어느 땐 제가 봐도 정말 이 사람들이 신앙인인가 하는 생각이 들 때가 있습니다. 하기야 저 자신도 목사요, 선생인데 사람됨이 미숙하고, 삶의 방식이 어눌하니 더 부끄럽습니다.

문득 반면교사(反面教師)라는 말이 생각납니다. 이 말은 '다른 사람이나 사물의 부정적인 측면에서 가르침을 얻는다'는 것으로 그 유명한 '타산지석(他山之石)'과 비슷한 말이지만, 그보다 의미가 더욱 즉각적이고 강력한 것 같습니다. 이 말은 1960년대 중국 문화대혁명 때, 마오쩌둥(毛澤東)이 처음 사용한 것으로 전해집니다. 마오쩌둥은 부정적인 것을 보고 긍정적으로 개선할 때, 그 부정적인 것을 '반면교사'라고 하였습니다. 그러니까 이 말은 혁명에 위협은 되지만 반대로 보면 사람들에게 교훈이 되는 집단이나 개인을 일컫는 말을 지칭한 것입니다. 요즘은 보통 다른 사람이나 사물이 잘못된 것을 보고 가르침을 얻는 것을 말합니다.

감사하게도 출판사 요청으로 기획도서로 『예수라면 어떻게 하실까』라는 세계적인 기독교고전을 번안(각색)하여 내자는 제의를 받았습니다. 뜻밖의 제안에 자신이 없지만 하기로 약속을 하였습니다. 가급적 국내에 번역되어 나온 책들을 보고, 기존의 출판물보다 더 좋은 내용으로 어린이의 말투로 해 보라고 합니다. 책을 일단 구입하여 읽어야 하는데 마침 집에 읽기 편하게 만화로 나온 게 있어 읽는 중입니다.

그저 아주 오래전에 대충 보고는 다시금 진지하게 보니 느낌이 다릅니다. 하나님이 제게 꼭 읽으라고 하신 듯합니다. 오늘을 사는 제게 큰 자극이 되고 있습니다. 역시 고전은 그 깊은 맛으로, 읽을수록 우러나는 듯합니다. 좀 오래된 책이라 투박하고 지루하지만 읽을수록 그 깊은 맛이 느껴집니다.

제가 좋아하는 말로 '이문회우(以文會友)'라는 말이 있습니다. 이 말은 공자의 고제(高弟)인 증자(曾子)가 "군자는 글로써 벗을 사귀고, 벗과의 만남을 통해 인을 보강해 간다"라고 말한 것에서 유래한 말입니다. 오늘 우리에겐 그야말로 엄청난 양의 정보가 홍수처럼 엄습합니다. 그럼에도 '풍요 속의 빈곤'이랄까요. 이러한 지식정보의 대량생산물 속에서 정작 인간의 삶과 가치에 대한 깊은 사색과 통찰을 느끼게 하는 것은 드문 것만 같습니다.

오랜만에 다시 읽게 된 『예수라면 어떻게 하실까』를 통해, 고전의 진수를 만끽할 수 있었습니다. 이 책은 어렵게 느껴지는 고전을 쉽게 이해하도록 해 주었습니다. 그로 인해 기독교현대문화의 정신사적 뿌리를 이해하는 데 유익을 얻었고, 참된 가치를 되새겨보는 깊은 사색으로 이끌어 주었습니다. 더욱이 이 책의 강점은 소설이라는 형식이 지니는 장점이 그렇듯, 이야기를 읽는 듯한 편안함으로 부담없이 접하게 하여 독자에게 친근감과 편안함을 더해 주었습니다. 그러면서 자칫 만화가 갖는 가벼움을 고전의 충실한 내용의 담지로 조화를 이루어 냈습니다.

문득 고전의 의미를 생각해 보았습니다. 첨단기술 시대를 살아가는 우리에게 고전이 필요한 이유는 무엇일까요? 도대체 왜 우리는 옛것들에 관심을 가져야만 하는 걸까요? 그 이유는 현대정신문명사의 근원을 찾아보고 이를 통해 오늘의 물질문명과 정신문명의 정체와 문제점을 파악하고 이에 대한 대안을 모색해 보려는 것입니다. 특히 우리는 물질 추구와 효율성의 논리가 세계를 지배하게 되면서 인생의 의미를 상실하게 되었습니다. '궁극적 의미'가 사라지고, 오직 도구적 합리성만 판치는 이 세상에서 '의미'를 찾아 헤매기 시작하였습니다. 목적이 결여되고, 의미가 사라진 삶이란 불행일 것입니다. 그런 점에서 고전은 우리에게 참된 삶의 의미를 되새기게 하는 것 같습니다.

고전을 읽으면서 그 깊은 삶의 지혜를 되새기다 보니 고전처럼 사람됨도, 사람 사귐도 오랫동안 우려낸 진국처럼 이러해야 하는 것이라는 생각을 해 보았습니다.

어린이를 위한 책을 내야 하니 어린이 시각을 익히려고 애를 써 봅니다. 이렇게 하면 할수록 제 영을 맑게 하는 듯하고 아이들 교육에도 좋을 듯합니다. 다행인지 제가 좀 덜 자란 성인아이이기에 이번 책을 작업해 나가는 데 도움이 되려나 싶습니다. 자기중심적이고 자기합리화하며 자기만 최고라는 어른들보단 어린이가 좋습니다. 올해 섬기는 교회에서 봉사하게 된 어린이부 담당목사님이 참 좋습니다. 아이들도 절 좋아해 줍니다.

요즘 참, 학교 일과 집안 일로 분주한데 또 일을 벌입니다. 나중에 뒷감당은 어떻게 하려고 그러는지 저도 저를 잘 모르겠습니다. 왜 이렇게 바쁘게 사는 건지요? 이렇게 한다고 저의 지위나 권위가 높아짐도, 돈이 생기는 것도 아니다. 굳이 안 해도 되는 일들을 자천타천으로 해댑니다. 제 성씨가 한 가이니 한가롭게 살아야 하는데요. 차분하게 마음을 가라앉히고, 침잠하면서 저 자신의 삶을, 사람됨을 되새겨봐야 하는데 아직도 미숙한 사람됨이 저를 드러내려하는 것 같습니다.

::젊음의 열정이 부러워요

오늘 교회 청년들이 단기선교를 위한 일일찻집을 한다고 하여 가족 모두 교회에 갔습니다. 청년들이 단기선교를 준비해 나가는 모습이 기특하게 느껴지고 젊음의 투지와 열정이 부럽게 느껴졌습니다. 생기발랄한 모습들이 제게도 전해지는 듯하여 기분이 좋았습니다. 교회 어른들도 하나라도 더 팔아 주는 것으로 후원하시는 모습들이 정겹게 느껴졌습니다. 제가 섬기는 교회가 세대 간의 소통과 화합으로 어우러지는 듯하여 보기 좋았습니다. 문득 사랑이와 겨레가 자라서, 이다음에 단기선교여행을 떠나면서 그 기금을 스스로 마련하려고 애를 쓰는 모습을 상상해 보았습니다. 단기선교라는 비전을 품고 기도하며 준비하면서 그에 따른 비용도 자기 주도적으로 준비해 나간다면 더 멋진 사역과 헌신이 될 듯합니다. 그런 점에서 청년들의 단기선교여행은 참 기특합니다. 나름대로 직장생활과 아르바이트를 하여 기금을 마련하고 일일찻집이라는 것으로 교인들의 호응도 얻어 내려는 열심이 열정적인 젊은이다운 것 같았습니다. 청년들의 모습을 보니 역시 젊음이 참 좋구나 하는 생각을 해 보았습니다.

투지와 열정으로 무한한 가능성을 현실로 바꿔 나가는 시기가 바로 청년 때입니다. 그러고 보니 20～30대를 나름대로 치열하게 살아온 편인 것 같습니다. 어찌하다 보니 고생도 많았습니다. 젊어서 고생은 사서도 한다지만 일부러 한 건 아니고 할 수밖에 없는 여건에서 열심히 산 것 같습니다.

나이 26살에 처음 들어간 대학생활에 야간 아르바이트, 야학 봉사, 주말 교육전도사를 겸하였습니다. 그러고 보니 26살에 시작한, 일하면서 하는 학업과 교회사역이 오늘까지 쉼 없이 이어져 오고 있습니다. 어느 땐 2～3가지의 학업을 병행하였습니다. 그러다 보니 일하랴, 공부하랴, 교회 봉사하랴 참 정신없이 살아온 것 같습니다. 어떻게 이렇게 살아온 건가 싶기도 합니다. 그것도 지금도 그렇지만 정규 학위 과정을 2～3곳을 병행하면서 여러 교육프로그램과 교사연수 등도 수행해 나갔습니다. 그야말로 공부만 할 수 있는 여건이 아니고, 공부하여 무엇을 이루려는 것도 아닌데요. 제가 공부를 참 좋아하는 건지, 아니면 그 어떤 무의식적인 작동원이 저를 그렇게 치닫게 하는지 모르겠습니다. 하기야 지금까지 공부한 비용과 시간을 경제적으로 환산한다면 얼마나 될까 싶습니다.

공부하느라 저와 제 가족이 누릴 경제적인 풍요와 삶의 여유도 없이 오늘에 이른 것입니다. 분명히 남과는 다른 특이한 가방끈을 갖췄습니다. 이것이 어떤 교환가치나 사용가치로 작용하는 경우가 있지만 굳이 안 해도 되는 것을 애써서 한 것들이 더 많습니다. 일반적이지도 않습니다. 그래도 후회는 없습니다. 어찌 되었든 젊은 날에 열심히 살아온 결과물들인 수북이 쌓인 학위증과 교육이수증과 자격증들을 보면 어떤 땐 뿌듯함도 느낍니다. 이걸로 뭘 하겠다는 수단으로 한 것이 아니라 그저 마음이 끌리는 대로 과정을 밟아 나간 것도 의미 있는 삶일 수 있다는 생각이 듭니다. 꼭 공부를 어떤 일이나 목적을 이루기 위한 수단으로만 하는 것은 아닌 듯합니다. 평소에 성경 읽기와 독서도 뭘 하기 위해서 억지로 의무감에서 하는 건 지루해서 잘 못합니다. 그러다 보니 진척도 더딥니다. 그러나 특별한 목적이 없이 그냥 제 마음 끌리는 대로 시작한 것은 경쾌한 리듬에 몸을 맡긴 듯 편안함이 느껴지곤 합니다. 시간 가는 줄 모르고 독서삼매경에 빠져드는 행복감도 좋습니다.

어느 유행가 가사처럼 청춘을 돌려 달라고 해 봐야 아무 소용이 없음을 압니다. 건강한 신체와 체력도 쇠잔의 길로 치닫는 현실을 그저 받아들이면서 한 해 두 해 성숙을 기대하면서 나이 먹어 가려 합니다. 나이라는 게 먹어도 먹어도 체하지도 않고, 배탈도 안 나고 소화 잘되는 양식인가 봅니다. 어느 날 보면 참 세월 빠르다 싶고, 벌써 내 나이가 이렇게 많아졌나 싶습니다. 어느 시조에서 본 것처럼 밤새 큰 막대기를 들고 몰래 찾아드는 흰머리를 못 오도록 지킬 수도 없는 노릇이니 이제 중년기를 넘어서는 것도 눈 깜짝할 사이겠지요.

누가 그러던데 나이숫자만큼 세월이 빠르다고요. 그러면 20대는 20킬로로 달리고 40킬로대로 달리니 무덤으로 가는 속도가 청년들보다 두 배는 빠를 것입니다. 그러니 더 열심히 살아야겠습니다. 비록 신체적으론 낡고 허덕이는 체력이지만 마음만은 젊음의 열정과 투지로 꿈을 향해 끊임없이 도전하렵니다. 젊은이들보단 조금 더 급하게 살아야 하니 먼 미래를 계획 세우기보다는, 조금 단기적인 목표를 세우고 그에 따라 도전하리라 다짐해 봅니다. 감사하게도 제 삶의 자리는 안정된 정규직의 틀로 좀 지루한 삶이 이어지기도 하는 단점이 있지만 주어진 일에 대한 예측과 장래가 보장된 안정감이 있어서 좋습니다. 하기 싫은 일을 목구멍이 포도청이라고, 그저 처자식 먹여 살리려 해야 하는 고역도 아닌 제 스스로 준비하고 선택한 길을 걷는 중입니다. 목사와 선생이라는 마음의 굴레가 부담으로 불편함을 동반하기는 하지만 하나님의 뜻에 따라 제 빛깔과 향기에 알맞은 것이고, 제가 짊어질 십자가라면 오늘도 이 길을 묵묵히 걸어가야 할 것입니다.

오늘 청년들의 단기선교를 위한 후원 겸하여 가족나들이를 나온 것이 참 좋았습니다. 아주 맛깔스럽게 엄선된 메뉴에 따라 온 가족이 만찬을 즐겼습니다. 사랑이도 돈가스를 먹으면서 기분이 좋은지 싱글벙글하고, 겨레도 왁자지껄한 사람들의 모습이 좋은지 이리저리 돌아다니면서 좋아했습니다. 덕분에 저희 부부는 오랜만에 둘이 앉아 도란도란 이야기를 나누는 여유도 가져 보았습니다.

::좋은 독자가 좋은 작가를 만들어요

오늘 우연히 제가 섬기는 교회 조연진 어린이를 만나서 이야기를 나누었습니다. 연진이의 말이 저를 놀라게 하였습니다. 전에도 제가 쓴 『아빠와 함께 읽는 성경이야기』를 아주 감명 깊고, 재미있게 읽었다고 하여 저를 놀라게 하더니 오늘 또 한번 놀라게 하였습니다.

연진이는 어제 학교에서 이 책으로 독후감을 써서 선생님으로부터 칭찬을 들었다고 합니다.

사실 요즘 제가 쓴 두 권의 책과 신문, 잡지, 회지, 인터넷 사이트 '민들레성서마을(http://www.mindlle.com)' 이야기마당 등 여기저기에 연재했던 글을 제 이메일과 개인 카페(http://cafe.daum.net/hanlove0602)에 남기고 있습니다. 이렇게 한 이유는 어눌하나만 제 글샘에 대해 독자로부터 반응을 접해 보고 싶고 소통을 하고 싶어서입니다. 그렇지만 지금껏 이렇다 할 의견이나 반응을 보여 주는 경우가 적어 내심 마음에 아쉬움이 컸습니다.

제가 쓰고 보내는 일기의 독자도 제 카페 회원 수와 지인들을 합하면, 대략 350여 명은 족히 되는데 답글을 보내 주는 이는 몇 분이 안 됩니다. 그러니 반응을 보여 주는 이가 얼마나 고마운지 모릅니다. 이러한 고마움에 대한 답례로 가급적이면 답신을 보냅니다.

그런데 연진이는 제 책을 아주 열심히 읽었다는 것이었습니다. 제 책이 의도한 것은 10살 정도면 쉽게 읽게 하려는 것이었지만 다 쓰고 나니 그러기엔 내용이 아무래도 좀 어렵지 않나 하는 자책을 하였던 터라 이제 나이 열한 살의 초등학교 4학년생인 연진이가 읽기에 제 책이 어렵지 않았는지를 물었습니다. 그때 연진이의 대답이었습니다. "아니요. 재미있었어요. '겨레야!' '겨레야!' 하는 것도 아주 좋았어요." 이 대답에 제가 얼마나 기쁘고 고마웠는지 모릅니다. 제 책이 어렵지 않고, 재미있게 읽혔다는 말이 첫 책을 낸 저로서는 아주 큰 힘이 되는 말이었습니다.

그런데 오늘 연진이는 제 책으로 독후감도 써서 칭찬도 들었다니……. 열심히 봐 준 게 고맙고, 이를 제게 말해 준 것이 참 고마웠습니다. 연진에게 진심으로 고맙다는 말을 하고는 약속을 하였습니다. 지금 책을 내려고 준비 중인데 앞으로 책 내면 꼭 네게 선물할 거라고요. 연진이의 말을 들으면서 다짐하였습니다. 단 한 사람의 독자만 있어도 글을 쓰고 책을 낼 것입니다.

『아빠와 함께 읽는 성경이야기』를 마무리하면서 이런 말을 덧붙였습니다. "좋은 작가는 좋은 독자가 만듭니다." 조금 설익고 엉성한 글샘을 풀어내는 것이지만 구입해 주고, 의견을 주면 좋을 듯합니다. 저도 인터넷 사이트나 카페 등에서 귀한 글샘을 보고 그에 대한 답글을 잘 쓰지 않습니다. 귀한 책을 보고도 저자에게 편지를 쓰거나 이메일을 보내지도 않습니다. 저 자신도 좋은 독자가 되지 못하면서, 제 글에 대해서 반응을 간절히 기대합니다. 연진이의 말이 제게는 더 열심히 생각을 가다듬고, 깊이 느끼면서 꾸준히 글을 써 나가는 작업이 결코 헛된 것이 아님을 일깨워 준 소중한 격려요, 사랑이었습니다.

아직은 제 딸과 아들이 제게 좋은 독자가 되지는 못합니다만 이다음에 제 아이들이 자라면 아이들이 재미있게 보면서 한 번쯤 생각해 보는 이야깃거리를 제공해 주는 것이라면 더할 나위 없이 행복할 것 같습니다. 단 한 사람의 독자를 위해서라도 꾸준히 글샘을 길어 올리고자 합니다. 누군가 저를 알아줌이 고맙고 삶의 의미를 더하는 듯합니다. 제가 좋아하는 고 장영희 님의 수필과 박완서 님의 수필처럼 일상적인 소재에서 삶을 깊이 바라보게 하는 깨달음을 제공하는 그런 글을 써 보고 싶습니다.

요즘 혼미한 삶의 편린들을 일기처럼 드러냅니다. 그러면서 제 삶을 돌아보고, 성찰하곤 합니다. 제게 주어진 일과 만나는 사람들의 이야기를 형상화하기도 합니다. 그 흔한 자가용도 없고, 휴대전화 문자메시지 같은 것도 잘 못합니다. 첨단 과학기술시대를 맞아 다채널 다기능소통의 시대에 아직도 아날로그형 인간인가 봅니다. 아직도 전자책보다는 종이책을 선호합니다. 종이책은 인상 깊은 구절에 밑줄도 긋고, 메모도 하고, 접어놓거나 휴대도 가능하여 좋습니다. 제 손때가 묻은 흔적들이 여간 정겹지 않습니다. 편리한 샤프를 안 쓰고 굳이 연필을 씁니다. 제가 샤프보다 연필에 매력을 느끼는 것은 글을 쓸 때 느껴지는 감촉과 조금은 불편함이 정다움으로 예스러운 멋으로 느껴지기 때문입니다.

제가 20대 청년기에 '상록독서회'라는 곳에서 책 읽고 이야기를 나누는 모임을 함께한 적이 있습니다. 다양한 세대와 성별과 직업 등의 사람들이 어우러져서 매주 1회 가졌던 독서모임은 지금까지 아련한 고운 추억으로 남아 있습니다. 그곳에서 그저 밋밋하게 책을 읽고 그치는 것이 아닌 책과 소통하고, 저자를 보다 깊게 이해하고, 함께 공유하는 방법을 터득하였습니다. 그리고 소중한 친구들과 교우하는 기쁨도 만끽하였습니다. 문득 책을 읽고 이야기 나누는 모임이나 저자와 독자와의 만남 같은 소통의 장이 펼쳐지면 좋겠다는 생각을 해 보았습니다. 문명의 이기를 이용해서 이메일이나 카페나 홈페이지로 소통함도 좋지만 제가 연진이를 만나서 직접 이야기를 나눈 것처럼 저자와 독자가 만나서 생각을 공유하는 장이 마련된다면 아주 좋을 것 같습니다.

언젠가 어른들도 공감하는 동화를 잘 쓰시는 정채봉 님의 '만남'이라는 글을 읽었던 기억이 납니다. 제게 인상 깊게 남아 있는 말입니다.

"가장 잘못된 만남은 생선과 같은 만남이다. 만날수록 비린내가 묻어 오니까. 가장 조심해야할 만남은 꽃송이 같은 만남이다. 피어 있을 때는 환호하다가 시들어 버리니까. 가장 비천한 만남은 건전지와 같은 만남이다. 힘이 있을 때는 간수하고 힘이 다 닳았을 때는 던져 버리니까. 가장 시간이 아까운 만남은 지우개 같은 만남이다. 금방의 만남이 순식간에 지워져 버리니까. 가장 아름다운 만남은 손수건과 같은 만남이다. 힘들 때는 땀을 닦아 주고 슬플 때는 눈물을 닦아 주니까."

제가 좋아하는 고 장영희 님의 수필에 보면, 교도소의 재소자 분들이 편지로 반응을 보여 주심에 늘 큰 힘을 얻곤 한다는데 좋은 독자인 연진이와의 만남을 통해 제게도 소중한 독자가 있다는 사실이 앞으로 꾸준히 글샘을 길어 올리려는 제게 큰 힘이 되어 주기에 충분하였습니다. 연진아, 고맙다. 네 말에 힘을 내어서 더 열심히 책을 읽고, 생각을 가다듬고, 글을 써 보련다. 그래서 책을 내련다. 너처럼 누군가 소중하게 읽어 주고 반응해 줄 아름다운 독자를 위해서…….

연진이에게 부탁해서 얻어낸 제 책에 대한 독서일기장 내용입니다. 이제 초등학교 4학년생이기에 아직은 표현이 서툴지만 성실해서 좋고, 책을 충실히 읽고 자신의 마음에 담아냄이 그대로 느껴지는 진실한 글이었습니다.

그저 맞춤법과 어법 정도만 고쳐 보고는 연진이의 때 묻지 않은 성실과 진실이 담긴 독서일기장을 그대로 드러내렵니다. 멋진 말들로 꾸며낸 글들보다 연진이의 자연스러운 고운 글이 제겐 더 소중하고, 힘이 됩니다.

연진아! 고맙다. 네 말과 독서일기장에서 힘을 얻고는 더 열심히 쓰고, 책 내련다. 다음에도 꼭꼭 읽어 주렴…….

재미있게 읽은 책을 생각하고 되돌아보는
*나의 독서 일기장
읽은 책 : 아빠와 함께 읽는 성경이야기
읽은 날짜 : 2010년 6월 1일부터 2010년 6월 4일까지 (4)일간

이 책은 우리 교회 '한승진' 목사님께서 아들 겨레에게 알려 주시려고 쓰신 성경이야기였다. 2008년 12월 18일에 태어난 아들 겨레를 위해 구약과 신약성경의 창세기부터 요한계시록까지 총 66권을 모두 담아내셨다.

나는 이 책에서 "하나님께서 겨레가 아빠 품에 오도록 해 주신 거야"라는 말에 감동하였다. 또 201쪽에 있는 '장작불'이라는 시는 정말 불을 붙이려면 우리가 모두 합쳐야 된다는 이야기가 있다.

그런데 263쪽에 나오는 "겨레와 함께하소서"라는 기도에서 "몸에서, 마음에서, 영혼에서 건져 주소서"라는 말은 이해하기 어려웠다.

내가 이 책을 읽으면서 좋았던 건, 정말 감동적인 이야기가 많고 이런 이야기가 나에게도 도움이 되어서 좋았다.

::사람 사귐

요즘 제 심리를 가만히 살펴보면서 일기를 씁니다. 가만히 되새겨 보니 참 내향적인 성격입니다. 어떤 분은 관계 맺는 모임의 수가 10가지가 넘는다고 하시는데, 학교와 교회 이외에 어느 특정한 모임이나 집단에 소속됨도 교우함도 없는 듯합니다. 지나칠 정도로 사람을 잘 안 만납니다. 제가 제일 애용하는 소통의 매체는 이메일입니다. 이메일이 편한 것은 얼굴 안 비춰도 되니 편한 복장과 편한 시간에 엽서를 띄우듯 하면 됩니다. 받아 보는 분도 부담이 안 되는 것이 그냥 아무 때나 보고 싶을 때 보시면 됩니다.

이메일은 보낸 시간과 받아 본 시간이 정확히 기재됩니다. 그에 반해 전화나 문자메시지는 쌍방향소통의 장점은 있으나 상대방의 처지를 고려하지 않는 단점이 큽니다. 저도 바쁠 때, 마음이 부산스러울 땐 여간 부담스럽지 않습니다. 그런 점에서 이메일이 아주 좋습니다. 또 워낙 말이 졸하여 말보다는 글이 그래도 편합니다. 말은 하다 보면 실수 연발인데 글은 쓰다가 여의치 않으면 다듬어 나갈 수 있어서 좋습니다. 물론 제가 글을 주절주절 수다 떨듯 하고, 주의를 기울이지 않고 제 생각과 느낌을 그대로 드러내곤 하여 후회막급인 경우가 많지만요.

아무튼 제가 봐도 사람 만나는 걸 즐겨 하지 않습니다. 이렇게 조용히 사는 게 편합니다. 어느 땐 사람 만나는 게 부담스럽습니다. 직장 생활해야 하니 부득이 휴대전화를 사용해야 하지만 할 수만 있다면 사실 휴대전화도 안 쓰고 싶습니다. 저희 집에 TV나 신문이 사라진 지는 오래입니다. 요즘 남아공에서 월드컵이 열릴 텐데 이를 볼 수도 없습니다. 현대인의 필수품이라는 자가용은 뭐, 면허증 자체가 없고 딸 마음도 전혀 없습니다. 그리고 가끔 제가 사는 곳에 오겠다고 하면 덜컥 겁부터 집어먹습니다. 사실 저희 집에 사람이 오고 가는 것도 불편합니다. 그러다 보니 저희 집엔 아내와 사랑이 손님은 오지만 제 손님은 거의 없습니다. 지난 10년간 학교 분들도 저희 집에 오신 분이 거의 없습니다. 저도 동료 교직원의 댁에 개별적으로 방문한 적이 거의 없습니다. 학교, 집, 교회, 배우러 다니는 몇몇 곳을 빼곤 행동반경이 아주 좁습니다. 이렇게 보면 제가 아주 내향적이고 고요히 저만의 삶을 즐기는 듯한데 사실은 그렇지도 않습니다.

가만히 저를 들여다보면 사람 만나는 걸 아주 좋아합니다. 얼마 전 제가 지닌 외로움을 직면하였습니다. 사실 제가 외로움을 못 견뎌 함을 알지만 이를 직면하고 보니 제 자신이 더 처량해 보였습니다. 어느 분의 말이 요즘 저의 화두가 되었습니다. 자신도 외로운데 이를 즐기신다고요. 뭐, 그분이라고 외로움을 즐기기만 하시지는 않겠죠. 사람은 잇대어 살도록 창조된 존재라는 생각을 해 봅니다. 그저 중년기에 그냥 저를 찾아 떠나는 여행 중입니다. 그리고 생명에 대한 생각을 해 보곤 합니다. 풀, 나무, 잡초, 사람의 소중함을 되새겨 봅니다.

:: 먼저 해야 할 일

어제 월간 《기독교육》에서 다음 달 원고 교정본을 전해 받았습니다. 요즘 분주한 삶입니다. 가급적 빨리 마쳐서 보내 드리고자 합니다만 사실 최선을 다하지는 않으려 합니다. 요즘 저도 일이 많아 마음가짐이 이 모양입니다. 지금 저에게 중요한 일, 시급한 일, 꼭 해야 할 일, 하고 싶은 일을 감안할 때, 지금은 아이들과 함께해야 합니다. 가끔은 제 역량의 부족을 실감하면서 자책하면서 의기소침합니다. 그러다가 사랑하는 아이들을 보면 힘이 나곤 합니다.

셋째 아들 가람이를 보면 더 힘이 납니다. 제 팔뚝보다 작은 것이 어찌나 예쁜지 모릅니다. 이리저리 바쁜 삶이고 주어진 과업이 머리를 짓누르지만 지금 이 순간 복잡한 제 머리를 비우려 합니다. 그저 마음 비우고, 사랑하는 아이들과 함께 놀아 주고 나서 시간 남으면 교정본에 대한 최종수정을 해서 보내려 합니다. 욕심 같아서는 아무래도 어눌한 문장들이 맘에 걸려, 더 열심히 교정을 봐서 완성도를 높이고 싶습니다만 여의치 않을 듯합니다. 그냥 맘 편히 하는 데까지만 하려 합니다.

과유불급(過猶不及)이라는 말처럼 지나치게 잘하는 것도 좋지 않을 때가 있는 것 같습니다. 모자라면 모자란 대로 하고, 지금 먼저 해야 할 일에 최선을 다하고자 합니다. 그러고 나서 주어진 일에 집중하면 될 것 같습니다. 사실 이렇게라도 자기 합리화로 핑계 대야 주어진 글에 대한 부담감에서 벗어날 듯도 합니다. 그리고 뭐, 제 글을 몇 개월 봐주시다 보니 이젠 제 글쓰기 문체에 익숙한 편집 기자님이 잘해 주실 것을 믿습니다. 그리고 독자님들이 너그럽게 봐주시리라 기대해 봅니다. 이거 아이들 핑계로 낯짝 두꺼워졌나 봅니다. 아! 그러고 보니 제 글의 어눌한 죄를 저만 떠안는 게 아니라 아이들과 함께하게 되는 듯도 합니다.

요 예쁜 것들아! 이젠 너네들이 아비의 글에 대한 잘못을 함께 떠안을 공동저자이고, 공범이란다. 그거 알아?

::상담은 구도자의 삶인가 봅니다

현재 이리공업고등학교 상담교사로 재직 중이신 고영희 선생님이 보내 주신 일기가 제 가슴을 울리고, 그 울림이 자꾸만 제 삶과 상담사의 삶과 사람에 대한 공부를 되뇌게 하였습니다. 이에 그 울림의 글샘을 고영희 선생님의 허락하에 게재하고 그에 대한 저의 사색의 편린을 드러내 봅니다. 이 글이 주는 매력은 '일기'라고 밝히신 것처럼 진솔한 삶이 그대로 배어 나오고, 마치 깊은 산속 어느 선사(禪寺)에서 읊조리는 불경이나 시 같기도 하다는 것입니다. 글은 사람됨을 드러내는 것으로, 제가 평소 알고 지내는 선생님의 맑고 고운 구도자적인 삶의 자세가 그대로 드러난 듯합니다. 혹, 선생님의 삶을 이야기하는 글샘이 온 누리에 전해지기를 소망해 봅니다. 지척에 귀한 분이 계심으로 인해 제 마음에 훈훈한 기운이 감도는 듯합니다.

> 미래를 앞당겨 고민하지 않고
> 지나온 날들을 후회하며 자책하지 않고
> 지금 오롯이 이 순간을 산다는 것.
> 내가 만나는 아이들과 이 상황들에 대해

이 모든 것은 내가 선택한 것임을 인정하고
오로지 내 몫으로 내가 책임을 지겠다는 것.

지난 주 아이 한 명이 상담실에 왔다
작년부터 간혹 얼굴을 보이던 아이였는데
유명 가수와 이름이 같아
남의 노래 듣기를 좋아하는 나는
너 노래 좀 불러봐라 하며 농을 치곤 했던 아이였다.

"집단상담 저도 할 거예요" 하며
화요일에 뜬금없이 상담실에 온 것이다.
외부기관에 의뢰하여 진행하는 프로그램이어서
너 담임이 추천하지 않아서 명단에 없어 하니.
본인도 하고 싶으니 끼워 달란다.
그래서 그러라 했는데
그 다음 날 오토바이 타고 가다 트럭에 치여서
지금 중환자실에서 의식불명으로 있단다…….
가면서 "저 이번에 간식 못 먹었어요" 하기에
청소시간의 분주함과 하던 일의 바쁨을 핑계로
그래 목요일에 오면 많이 주마.
그리 건성으로 대답하였는데
그게 그 아이와 이생에서 나눈 마지막 말이 될 것 같다.
"샘 배고파요 들어오실 때 빵 오케이~"
외출하는 내 차를 가로막고 말을 하던 아이
사온 빵을 맛있게 먹던 모습이 떠오른다.
오늘 문득 상담일지를 정리하던 중
그 아이의 이름을 보게 되었다.
의식불명으로 생사를 오가는 그 아이를 위해
잠시 마음을 모아 본다.

상담을 하면서 그 아이들의 내면의 소리를 듣게 되면서
아이구 이 직업이 그리 좋은 직업은 아니여, 할 때가 있다.
마음을 만난다는 것, 그 아이들의 눈물과 한숨을 만난다는 것,

상담자인 나의 모습을 가끔씩 후려치는 아이들을 만나게 되는 것.
무릇 살아 있는 것들에 대한 경외감을 챙겨 본다.

상담을 통해 아이들을 만나고
나를 만나고 세상을 다시 만날 수 있음이
은혜요, 감사함으로 이게 나에게 주어진 삶이라 생각했다.
나중이란 없다.
오직 지금 이 순간이 존재할 뿐…….

오늘은 문득, 지금 이 순간 만나는 것들에게
그 순간순간 깨어 있어야 함을 생각해 본다.
명민하게 세상을 관조할 수 있는 것.
한 달이 넘겨 기침이 끊어지지 않고 있다.
가장 먼저 스스로를 챙겨 주고 싶다.
오늘은 일찍 자고 내일은 편히 있고 빈둥댈 테다.
그러다 좋은 사람들 만나 맛있는 밥 한 끼 먹고…….
이러다 하루가 저문다.
당신 님의 편안을 기원드린다.

고영희 <마음모음>.

고영희 선생님을 뵈올 때마다 자신감과 당찬 모습이 느껴지곤 하였습니다만 가끔은 아픈 사연들을 가슴에 담아두신 것 같음을 느끼곤 하였습니다. 저도 학교에서 부득이하게 상담업무를 맡고, 예수 찾기를 실현하려는 구도자의 삶을 이어가다 보니 아이들의 성적이나 외모나 조건보다는 마음을 보려고 애를 씁니다. 그러면서 문득 눈에 보이는 아이들이 아닌 그 내면의 아픔을 알게 되면 가슴 저미는 아픔이 전해져 어찌할 바를 모르곤 하였습니다. 아이들의 아픔이 제 가슴을 울립니다.

문득 드는 생각입니다. '상담'이라는 업(業)이 구도자의 삶은 아닌가 싶습니다. 사람을 안다는 게 끝없는 물음인 것 같습니다. 마치 시시포스의 이야기처럼 끊임없이 도달할 수 없는 물음을 안고서 살아가는 삶이 아닌가 싶습니다. 어느 땐 제게 맘 열고 다가온 아이에게 해 주고 싶은 이야기가 있어야 하는데 그렇지 못한 듯하여 미안함을 느끼면서 상담자로서 역량이 부족함을 자책하기도 합니다.

언젠가 졸업한 아이가 새벽 4시에 집으로 전화해서는 죽음에 대해 물었습니다. 순간 '이거 큰일이다' 싶어서 잠이 확 달아났습니다. 이런저런 이야기를 나누다가 슬그머니 꺼낸 고민의 심연에는 할머님이 위중하셔서 곧 돌아가실 것 같다는 말이었습니다. 가정사의 아픔으로 부모님의 사랑을 못 받고 자란 아이에게는 할머님이 기둥이요, 삶의 기저였습니다. 아마 저와는 그런대로 친근하게 지낸 편이고, 제가 목사라서 불현듯 생각이 났나 봅니다. 갑작스럽게 받아든 죽음이란 질문 앞에 상담을 어떻게 해야 하는지 참 난감하였습니다.

몇 년 전과 얼마 전에는 뜻하지 않은 어머니의 자살로 마음 아파하던 아이들과 상담하려니 이도 참 어려웠습니다. 저에게 어려운 걸 묻는 아이들의 아픔이 전해지는 듯하여 마음이 아팠습니다. 종교가 사람을 죽이기보다는 살림으로 이끌어가야 한다고 생각합니다. 사실 아이들은 제게 물으면서 어떤 답이 나올지를 기대하고 예측하는 듯합니다. 그러고 보면 제가 하는 상담은 뻔한 것을 하는 것 같습니다.

문득 이런 생각이 듭니다. 상담을 잘 못합니다. 이론도 경험도 부족합니다. 그런데 아이들이 가끔 제게 상담 오고, 기도해 달라고 합니다. 제가 상담을 잘하는 것도 아니고, 영이 맑고 고결한 이도 아니기에 참 미안합니다. 상담을 못하기에 다가온 아이들에게 미안하므로 아이들을 위해 기도합니다. 사실 아이들의 아픔을 말로 풀어내고 치유하기도 어렵습니다. 상담이란 게 남의 아픔을 듣고 이를 같이 아파하는 것이라면 어떤 면에서 구도자의 길인 듯합니다. 문득 상담이 만병통치나 만인을 구제하긴 어렵다는 생각도 듭니다.

어쩌면 우리의 영역 밖은 하나님의 영역일 듯합니다. 하나님을 쩨쩨하지 않으신 분으로 믿습니다. 교회 나와야 예뻐하는 것보단 약한 사람을 더 예뻐하실 것입니다. 더 불쌍히 여기실 것입니다. 왜냐하면 하나님의 본성이 사랑이시니까요(God is Love). 그러니 상한 마음, 찢긴 마음인 아픈 사람을 대하시면서 '교인이냐', '아니냐'로 규정짓지 않으실 듯합니다. 교인을 위해서는 기도 잘 안 합니다. 그런 사람은 저 아니라도 기도해 줄 사람이 많습니다. 엉성하기 짝이 없는 제게라도 기도부탁을 하는 아이들이 소중합니다. 새벽녘에 정갈한 물 떠 놓고 간절히 빌던 우리네 고운 마음이듯, 상한 마음의 아이들을 위해 비는 것이 더 큰 상담은 아닌가 싶습니다. 아니 상한 마음의 아이를 가슴 깊이 담아내는 것도 기도일 것 같습니다.

어쩌면 제 미숙한 인격과 어그러진 삶의 모습도 아이들에게 다가가는 강점일지 모른다는 생각을 해 봅니다. 아이들이 맞먹고 다가오는 게 좋습니다. 요즘 드는 생각은 저를 비롯하여 선생님들이 상한 마음들인 듯하여 이것이 아이들에게 상처로 전해지는 것 같아 안타깝습니다. 말 한마디가 약이 될 수도, 독이 될 수도 있는 것임을 되새겨 봅니다.

제 아이들은 마구 흔들리며 삐딱하게 자유혼으로 살았으면 합니다. 그렇게 자라면 아마도 제가 힘들겠지만 그건 제 몫일 것입니다. 제 도권이라 그렇지 못하지만 제 아이들이 여자로는 한비야처럼, 남자로는 류시화처럼 살기를 소망해 봅니다.

일기를 쓰다 보니 자신을 성찰하고 다짐하고 삶을 보다 깊이 명상하게 됩니다. 일기 쓰려니 하루의 삶도 좀 더 진지하게 보게 됩니다.

모든 생명이 다 그런 것 같습니다. 윌리엄 블레이크의 「순수를 꿈꾸며」 라는 시가 생각납니다. "한 알의 모래 속에서 세계를 보고 한 송이 들꽃 속에서 천국을 본다. 손바닥 안에 무한을 거머쥐고 순간 속에서 영원을 붙잡는다." 온 세상의 티끌이 단지 티끌이 아니고 한 송이 보잘것없는 들꽃이 단지 들꽃이 아닙니다. 그 안에서 온 우주를 담아내기에 모든 생명은 소중합니다. 작은 들꽃 하나도 모두가 소중한 의미를 지닌 작은 우주입니다. 온 우주를 품은 생명……. 그러기에 신비롭고 소중하고 경외스럽습니다. 아무리 인간적인 꾸밈이 아름다워도 들숨과 날숨이 어우러지는 생명만 못한 것 같습니다.

오늘 문득 가람이를 보다가, 가만히 앙증맞고 귀여운 가녀린 손을 잡고는 깊은 상념에 휘감겼습니다. 문득 제가 가람이를 입양한 게 아니라 저를 사람답게 만들어 주려고 다가온 천사 같다는 생각이 들었습니다. 작은 생명체에서 스며 나오는 숨결이 하도 고와서 가만히 귀 기울이면서 그 곁에 누워서 쉼을 누려 보았습니다.

한가람. 문득 한가한 사람이 되기를 바라는 생각이 들었습니다. 한가한 사람답게 느리게, 여유롭게 살기를 바랍니다. 가람은 우리말이고, 한자로는 강(江)이니, 강물처럼 흘러 흘러 자신의 주어진 빛깔과 향기로 살기를 바랍니다. 아들을 보면서 오늘 하루를 한가하게 살고 싶다는 생각을 해 봅니다.

문득 얼마 전에 본 고 이광일 전도사의 아들 세혁이가 쓴 4대강 살리기에 대한 일기가 생각납니다. 한지연 님이 보내 준 세혁이의 일기입니다.

한지연 님의 길잡이 글

4대강 개발 사업이 속도전으로 이루어지고 있는 것을 봅니다. 민심에 응답하지 않고 개발에 몰두하며 생명의 흐름을 거스르려는 정부를 보며 또한 근심하게 됩니다. 이 정부가 강을 돈줄이 아닌 생명의 젖줄로 볼 수 있는 눈이 뜨이기를 기도하며 6월 6일 세혁이의 일기를 올려 봅니다.

이세혁의 외침－4대강아 계속 흘러라

교회에서 4대강 살리기 모임을 했다. 운길산에서 일 년에 한 번씩 만나는 여울교회와 만났다. 예배를 드렸다. 그런데 예배를 드리는 곳이 그늘이 조금도 없는 땅바닥이라 돗자리를 깔고 양산을 쓰고 드렸다. 거기서 드린 이유는 그곳에 4대강 개발을 반대하는 금식 기도원이 있기 때문이다. 예배를 다 드리고 그늘이 있는 곳에 가서 밥을 먹었다. 다 먹고 나서 여울교회에 다니는 형이랑 카드를 가지고 놀았다. 그러다가 축구도 했다. 더워서 쉬고 있는데 아이스크림이 배달 와서 맛있게 먹었다. 시원하여 꿀맛이었다. 4대강 살리기 그림 그리고 문구도 써 넣는 행사도 있었다. 나도 참여하여 그렸다. 나는 4대강이 계속 개발되지 않고 자연적으로 흐르면 좋겠다. 4대강이 개발될 때, 파괴되는 생명들은 다시 되돌릴 수 없기 때문이다. 또 돈도 많이 든다.

조금 있다가 집에 가는 열차를 타니까 너무 시원하였다. 자리가 없어서 구석에 돗자리를 깔고 앉았다. 그리고 졸려서 자 버렸다. 오늘은 완전 멀리 가서 가족여행 수준이었다. 나는 사람들이 4대강을 내제 왜 개발하려는지 이유를 일 수가 없다. － 성문밖교회 홈페이지 「수다떨기」에서

요즘 4대강에 대한 개발과 이에 대한 반대로 어수선합니다. 저도 개인적으로 4대강 개발에 반대합니다. 과연 누구를 위한 개발인가 싶습니다. 인간의 편리를 위해서 생태계는 얼마든지 파괴하고, 변형할 수 있다는 생각은 마치 성경에 나오는 바벨탑을 쌓는 인간들의

오만처럼 느껴집니다. 4대강을 개발한다고 우리가 얼마나 잘살게 된다고들 개발, 개발 하는지 모르겠습니다. 끝없는 편리와 경제적인 이익만을 우선시하는 세태에 화가 납니다.

제가 사는 이곳 농촌에도 인근 성당과 뜻있는 분들이 이를 반대하는데 정작 우리 교회들은 침묵하는 경우가 많습니다. 그저 좋은 게 좋은 건 아닌 것 같습니다. 아들에게 옳음을 일깨워 주고, 직접 4대강의 실상을 보여 주면서 생태친화적인, 사회변혁적인 참교육을 해나가는 한지연 님과 성문밖교회가 그나마 이 땅의 부끄러운 교회들의 체면을 살려 주는 것만 같습니다.

사람은 변해도 생명의 강은 어제나 오늘도 변함없이 힘차게 흘러가기를 기도합니다. 세혁이나 저희 가람이가 만들어 갈 세상은 사람과 생태계가 하나 되어 살아가는 아름다운 세상이기를 바랍니다. 우리 어른들의 지나친 욕심과 잘못된 가치관과 판단으로 자라나는 아이들에게 생명이 아닌 파괴를 보여 주는 부끄러운 만행을 저지르지 않도록 해야 합니다.

세혁아, 이 아저씨도 4대강이 계속 흘러가기를 바란다. 우리 함께 손잡고 "제발 살려주세요!" 하고 말하는 듯한 우리의 강을 지켜 나가자.

∷좋은 직장 만들어 가요

제가 현재 연재 중인 글에 관한 일은 주로 조소연 편집 기자님과 이메일로 소통을 하는 편입니다. 조 기자님은 늘 꼼꼼하게 이메일로 확인하시고 성심을 다해 답신을 보내 주셔서 이메일로도 소통의 어려움이 없습니다. 그러다 보니 한 번도 뵌 적이 없고, 특별히 개인적인 연락처로 소통한 적이 없는데도 불편한 점을 느끼지 않습니다. 그래도 혹시 즉각적인 소통을 해야 하는 일이 있을 때는 가끔 전화로 통화하곤 합니다. 그러다 보니 편집 기자님의 목소리를 대략밖에는 모릅니다. 이런 이유로 가끔 전화할 때마다 편집 기자님인지 아니면 다른 분인지 구별하지 못하곤 합니다. 더욱이 제가 듣기엔 편집 기자님과 그 윗분이신 듯한 간사님의 목소리가 엇비슷하여 구별하기가 여간 어려운 것이 아닙니다.

오늘 제가 쓴 글의 교정에 대해서 문의 드릴 일이 있어 전화를 했습니다. 살갑게 들려오는 목소리가 편집 기자님 같긴 한데, 혹시나 해서 제 신분을 밝히고는 맞는지 여쭈어 보니 아니셨습니다. 어쩜 이렇게 목소리가 비슷한지요. 목소리 톤과 분위기가 편집 기자님과 비슷하게 느껴지는데 상대방이 아니라고 하시면서 자신은 이은미 간사(대리)라고 하셨습니다.

그러시면서 조소연 기자님은 거래처 일로 부재중이시라고 전할 말씀을 전달해 주시겠다는데 뭐 급한 일은 아니라 이메일로 하겠다고 말씀드렸습니다. 이것으로 용건이 끝났는데 어찌하다 보니 통화가 길어졌습니다. 간사님은 아주 친절하고 정답게 전화를 받아 주셔서 제가 마음 편히 이야기를 풀어 낸 듯합니다. 그러다 보니 이런저런 이야기로 시간 가는 줄 모르고 이야기를 나누었습니다.

간사님은 어쩌면 이렇게 친절하게 통화하도록 마음을 움직이시는지 놀라웠습니다. 간사님의 활기찬 목소리와 유머로 마치 오랜 지기에게 이야기하듯이 저 자신의 눌변을 잊고서 술술 이야기를 풀어냈습니다. 간사님은 지난번 책 낸 것에 대한 격려와 출판에 대한 전문적인 식견에 따른 조언도 아끼지 않으셨습니다. 출판이란 것에 문외한인 저에게는 큰 도움이 되는 조언들이었습니다. '이런 귀한 정보를 조금 더 미리 알았더라면 좋았을 걸' 하는 아쉬움도 있었지만 이미 지난 일인 것을요. 지난 일을 잊고 앞으로 좀 더 잘 준비하고 정성 들여 출판을 하리라 다짐해 보았습니다.

간사님의 생동감 넘치는 목소리도 좋았지만 동료를 칭찬하시는 말씀이 듣기 참 좋았습니다. 그야말로 극찬이셨습니다. 자신의 동료인 편집 기자님이 주어진 일에 야무지고 충실하게 임하고, 나이에 비해서도 훨씬 어려 보이는 동안이라고 하셨습니다. 이외에도 이야기하시는 내용을 들으니 서로 마음을 나누는 사귐의 깊이를 만끽하는 사이인 듯싶었습니다. 언뜻 들으니 간사님이 대리이신가 하고 나이가 좀 더 많으신 듯한데, 그런 것이 서로의 사귐과 함께 어우러짐에 지장을 주는 것이 아님도 이야기하셨습니다. 이렇게 사이가 좋으니 닮아 가는 것인가 봅니다. 제가 전화할 때마다 편집 기자님과 간사님의 목소리를 구별 못 하는 건 아마도 두 분이 서로 목소리마저 닮아 감이 아닌가 싶습니다.

통화를 마치고 나니 왠지 모를 마음의 훈훈함이 전해진 듯하였습니다. 두 분 동료 간의 사귐이 부럽게 느껴졌습니다. 직장이라는 곳이 가정생활 못지않게 오랜 시간을 보내는 중요한 곳입니다. 그저 생계유지만을 위한 궁여지책의 의미만은 아닐 것입니다. 직장생활을 통해 자아실현도 하고, 사회에 공헌도 하고, 하나님이 주신 소명도 이루어 갈 것입니다. 그러기에 직장의 좋고 나쁨을 따질 때, 단순히 급여수준이나 근무시간만 따지지 않고 근무여건과 구성원의 분위기를 중시할 것입니다. 어떤 면에서는 급여나 근무여건이 상대적으로 열악하다고 해도 함께하는 사람들과 하는 일의 보람된 가치로 인해 직장생활의 진퇴가 결정되기도 합니다. 그런 점에서 제가 연재하는 이곳은 참 좋은 직장인 듯싶었습니다.

제가 알기로 우리 기독교계 선교기관들이 경제적인 측면에서는 그다지 여유롭지 못한 것으로 압니다. 그렇지만 기독교연합선교기관으로서 기독교교육전문 출판을 하는 보람된 가치가 공유되고, 동료 간에 칭찬과 격려와 깊은 사귐이 이루어지는 곳이니 이보다 더 좋은 곳이 있을까 싶었습니다. 물론 구성원의 급여와 근무여건 등도 뒷받침된다면 금상첨화겠지만요.

사람 사는 곳이 천국이 아닌 이상 문제는 어느 곳이나 다 있게 마련일 것입니다. 일을 하다 보면 의견 차이도 있고, 관계에서 빚어지는 갈등과 소원함도 어쩔 수 없는 현실일 것입니다. 그러나 동료를 자신 있게 칭찬하고 깊이 사랑을 나누는 사귐을 이루어 가다 보면 직장생활의 즐거움과 보람으로 행복의 나래를 펼쳐 나갈 것 같습니다. 이런 생각이 드니 제가 연재하는 곳이 더 정답게 느껴지고, 이곳에서 지향하는 가치를 공유한다는 것이 참으로 감격스럽게 느껴집니다.

살아가면서 기쁨과 행복감을 느낄 때가 바로 자기의 모든 것을 털어놓을 수 있는 누군가가 있다는 것입니다. 그런 사람이 단 한 사람이라도 있다면 그의 인생은 불행하지 않을 것입니다. 직장 생활을 하면서 그렇게 마음을 털어놓고 지내는 친구가 한 명 정도 있으면 좋겠습니다. 생텍쥐페리의 『인간의 대지』에 이런 말이 나옵니다. "오랜 벗들은 만들어지는 것이 아닙니다. 공통된 그 많은 추억, 함께 겪은 그 많은 괴로운 시간, 그 많은 어긋남, 화해, 마음의 격동이라는 보물만큼 값진 것은 없습니다."

이런 우정들은 새롭게 만들어 낼 수 있는 것이 아닙니다. 참나무를 심었다고 머지않아 그 그늘 아래서 쉬기를 바란다면 헛된 일입니다. 그의 말대로 직장 동료 간의 사귐이 오랜 세월 같은 곳을 바라보며 비전을 나누고, 삶의 애환을 나누는 깊은 마음의 나눔이 된다면 얼마나 행복할까요.

말이 씨가 된다고 하지요. 저도 누군가 전화하면 제가 섬기는 학교 동료를 극찬하고 장점을 드러내는 홍보맨이 되어야겠습니다. 가식이 아닌 진심으로 동료의 장점을 바라보고 이를 말로 표현하리라 다짐해 봅니다. 오늘 나른한 오후, 뜻밖의 통화로 인해 세상살이의 지혜를 얻은 듯합니다.

이 글 후에 조 기자님의 글에서 마음에 새기는 고운 글샘이 있었습니다. '오피스 와이프(Office Wife)'라는 말이 있다고 합니다. 직장에서 와이프처럼 이것저것 챙겨 주는 관계를 말하는데 기자님은 이런 관계가 필요하다고 보는 1인이시라고 하셨습니다. 하루의 절반을 보내는 직장에서 마음을 나누는 관계가 정말 필요합니다. 그것도 마음이 맞는 사람이라면 더 좋을 것입니다. 제 맘을 알아주시고 제가 마음을 나누는 관계, 새로운 사귐을 꿈꿈이 아닌가 하신다고 하셨지요. 알아주시는 듯하여 고맙고 참 기뻤습니다.

::삶이 아름다운 이유

난치성 질환이 하나 있습니다. 이게 바로 제가 붙인 병명인 '노예근성'입니다. 자기 주도적이지 못하고, 누군가 뭘 하라고 해야 하는 경향이 강합니다. 요즘 한창 재미 붙인 것이 글쓰기인데 이것도 억지로라도 하라고 해야 글이 좀 나오는 편입니다. 알아서 하라고 하면 영……. 이런 제가 좀 싫었고, 이를 고쳐 보려고 부단히 애를 썼지만 안 되는 저를 잘 알기에 이 병을 고치려고 애를 썼지만 영 안 되더라고요. 제 의지로는 아무리 애를 써도 잘 안 되니 속만 상하고 자책감만 늘었습니다. 그러다가 문득 본 유명한 현대경영학의 아버지 피터 드러커의 말에 위로받고는 저 자신을 합리화하기로 하였습니다. 이게 바로 "단점을 보완하려고 하기보다는 강점을 살리자"입니다. 그로부터 제 난치병을 넘어서 불치병에 가까운 노예근성을 고치려고 애쓰기보다는 이걸 그대로 수용하고 이를 활용하리라 마음먹었습니다.

생각한 것을 바로 실행하고자 여기저기 글 쓸 거리를 구걸하다시피 한 끝에 주간 기독교신문인 ≪크리스챤신문≫이란 곳에서 연락이 왔습니다. 마침 문화면 필진 한 분이 사정상 못 하게 되어 제가 연재하기로 했습니다. 현재 연재하는 것이 월간으로 매달 글감을 찾고, 글을 써 나가느라 애를 먹으면서 겁도 없이 주간에 도전합니다. 물론 이건 수기, 수필, 칼럼 형식으로 부담이 덜합니다만 주간 신문에 연재함이 주는 부담으로 마음이 무겁긴 합니다. 그러나 생각해 보니 매일 쓰는 일기 중에서 뽑아서 하면 될 듯도 합니다. 그저 작은 농촌에 묻혀 사는 제게 고정 연재란을 맡긴 것이 얼마나 감사한지 모릅니다. 이렇게 여기저기 꾸준히 쓰다 보면 이를 모아서 책을 낼 수도 있을 듯합니다.

일을 벌리다 보니 갑자기 글 쓸거리가 많아졌습니다. 제가 전문 글쟁이가 아닌데 제 달력에는 학술논문 투고일과 수제, 편지 쓰기 공모, 독후감 공모, 월간 ≪기독교육≫ 연재 마감일이 적혀 있습니다. 이제는 주간 신문에도 마감일을 기록해 두어야만 합니다. 이렇게 빼곡히 적어 놓을 달력을 보니 생의 의욕도 생기고 치열하게 살고 싶은 열정도 샘솟는 듯합니다. 다양한 양식을 넘나드는 글 쓰는 이가 되려 합니다. 글을 쓰려고 억지로라도 약속을 하여 저 자신을 얽어매는 모습이 우습기도 하지만 좋기도 합니다. 적어도 제가 글을 쓰는 것은 글을 통해 무엇을 얻으려는 것은 아니기에 편하기도 합니다.

잘 압니다. 제 글은 돈벌이용으로는 적절치 못합니다. 글로 어느 직위를 얻으려 함도 아닙니다. 작년에 시작한 박사과정인데 논문을 작년과 올해 연 5~7회는 써댑니다. 물론 심사받아 게재가능보다는 탈락이 많지만 꾸준히 연구하고 그 성과물을 드러내 봅니다. 이렇게 게재된 논문도 7편 정도나 됩니다. 엇그제는 투고한 논문 4곳이 연이어 탈락과 수정 후 재심사로 고배를 마셨지만 크게 실망하거나 좌

절치 않습니다. 실패를 거울 삼아 고귀한 심사평을 깊이 되새겨 쓰고 또 쓰면 됩니다. 중요한 것은 지금이 아니더라도 언젠가는 게재되면 된다는 여유를 가져 봅니다.

제가 쓰는 수필과 일기도 언젠가는 단행본으로 엮어질 것으로 생각하고 미리미리 그럴 계획으로 잘 써 보려 합니다. 그 샘의 근원지로 매일 일기 쓰기를 해 보려 합니다. 살아오면서 확언이나 확약은 안 하기로 작정하였습니다. 살다 보니 제 뜻대로 되지 않는 경우가 하도 많아 맹세하거나 확신에 찬 약속 같은 건 안 하려 합니다. 그러나 굳은 의지로 하고자 함은 분명히 합니다. 글쓰기로 몰입하는 즐거움을 만끽해 보려 합니다.

어느 분과 대화 중 깨달았습니다. 뭔가 채워지지 않는 외로움을 외부에서 찾으려고 갈급해 합니다. 그런데 그분의 말씀이 자신은 외로움을 즐기신다고 하셨습니다. 물론 그분이라고 외로움을 전적으로 즐기시는 것은 아닐 것입니다만 외로움을 즐길 줄 아는 삶의 여유와 깊이에 신선한 충격을 받았습니다. 외로움이란 걸 아주 못 견뎌 합니다. 때로는 사랑하는 아내, 아이들, 부모님과 형제들, 보람된 일로도 채워지지 않는 목마름이 있습니다.

이 공허함을 잊고자 끊임없이 외부에서 구원자를 찾으려 하는데 이게 최상은 아닐 것입니다. 결국엔 이 외로움의 타는 목마름의 직면과 해갈도 제 마음의 영역일 것입니다. 그렇다면 제게 주어진 외로움을 즐기는 경지까지는 아니더라도 그냥 그대로 수용하고 달래는 하나의 방식으로 글 쓰는 작업은 어떨까 하는 생각을 해 보았습니다.

요즘 오랜만에 교우하게 된 제 소중한 벗 님의 미망인이신 고운 님의 삶이 떠오릅니다. 가장 소중한 사람과 갑작스러운 사별의 처참

한 고통을 애써 감추려고 하기보다는 그대로 체화(體化)하며 살아가는 모습이 바로 이런 경지는 아닌가 싶습니다. 사별한 이의 체취가 그대로 묻어나는 시댁에서 시부모님을 친부모님처럼, 고운 사랑의 결정체인 아들의 삶을 대견해 하면서 살아가는 모습……. 바람결에 쓰러질 듯 쓰러질 듯하나 결코 쓰러지지 않는 잡초처럼 치열하게 살아가는 생명력은 아닐까 싶습니다.

사람은 다 살아가게 되는 건가 봅니다. 사람이 참 강한 건가 봅니다. 아니 소중한 추억과 사랑 깊음의 아름다움과 희망의 결실이 살아 숨쉬기에 강한 건가 봅니다. 떠나간 이를 꿈에서도 만나는 것으로, 생사의 간극을 허물어뜨리는 사랑 깊은 삶이 참으로 아름다워 보입니다. 문득 사는 게 뭔가 싶습니다. 삶과 죽음, 이 극한의 물음에 사랑이란 신비의 묘약이 더해지니 정말 삶이란 아름다운 건가 싶습니다.

::벼락치기와 자유혼 그리고 어수선한 삶의 편린들

어제 겨우 월간 ≪기독교육≫ 연재 글을 마치고 나니 시원하기도 하고, 제 스스로 대견하기도 하지만 아쉬운 마음도 들어 찜찜하기도 합니다. 그야말로 만감이 교차됨을 느꼈습니다. 다행히 옹색하나마 이번에도 겨우 마치긴 하였는데 하면 할수록 어려움을 느낍니다. 처음 하는 연재라는 게 이렇게 어려운 줄 몰랐습니다. 매달 마감날을 달력에 적어 놓고는 그 날짜가 다가올수록 옥죄어 오는 부담감을 갖습니다. '월초에는 큰 구상을 하고는 일주일 구상, 일주일 자료수집, 일주일 집필, 하루 교정, 2~3일 정도 지인 분들에게 교정 부탁하고 보내면 딱이다' 싶었습니다.

그런데 제 삶의 여건은 이렇게 연재에만 매달릴 수 없는 처지이고 천성이 게을러서 계획대로 한 적은 올해 1월 원고를 한 작년 11월뿐이었습니다. 그 다음 달부터 머릿속 구상은 그저 참고일 뿐이고, 구상이란 게 마구 어그러지기 시작하는데 이게 감당이 안 될 지경이었습니다. 그러다 보니 지금껏 연 11회 중 7회를 끝냈는데 매달 어떻게 해냈는지 신기하기만 합니다. 가끔 제가 쓴 글이 실린 월간 ≪기독교육≫을 볼 때마다 오타와 논점의 모호한 표현이 보여서 후회막

급입니다. ‘더 보고, 더 생각하고, 더 다듬을 것을…….’

그렇지만 가끔은 보면서 ‘이걸 내가 해냈다니…….’ 분명 글쓴이의 이름이 제 이름입니다. 주장하는 바에 힘도 느껴집니다. ‘이걸 보고 단 한 사람이라도 기독교윤리의 맛을 느끼게 되고, 기독교적 시각에서 자신과 교회와 세상을 바라보게 되면 좋겠다’는 소망도 가져보곤 합니다. 뭐랄까요? 제 글에 가장 큰 애독자가 바로 접니다. 글을 구상하면서, 자료 모으면서 선행연구자들의 치열한 논점을 깊이 되새겨 보기도 합니다. 그러면서 미처 생각지 못한 윤리적 통찰에 반성도 하고, 공감을 하기도 합니다. 그러면서 제 시각에서 재해석하면서 글을 전개해 나갑니다. 그런데 참 신기한 건 이렇게 하다가 원래 구상한 대로가 아닌 새로운 방향에서 논점이 형성되고 전개되곤 하는 걸 보고 놀랍니다. 이럴 땐 제 구상이 아닌 하나님의 구상이신 듯하여 사고의 틀을 그대로 따라갑니다. 그럴 땐 원래 준비한 자료와 구상들이 바뀌는 바람에 더 시간이 소요되고 애를 먹지만 다 쓰고 나면 ‘이게 더 낫다’ 싶은 생각에 뿌듯함을 느낍니다.

어떤 땐 시작하기도 전부터 막혀서 단 한 줄도 풀어내지 못할 때가 있습니다. 도저히 글에 진척이 안 되어 세수도 하고, 차 한 잔 마시며 심호흡도 해 보고, 바깥에 나가 바람결에 제 자신을 맡겨도 보고, 맨손 체조도 해 보면서 생각을 가다듬습니다. 그러면 조금 풀리기도 합니다만 풀리지 않는 생각의 실타래로 답답해지곤 합니다. 시간에 쫓기는 연재이기에 제가 해야만 하고, 미룰 수도 없습니다. 천성이 게으른 탓에 미리미리 해 두질 않았으니 마감날 즈음이라 마음이 더 불안해집니다. 그러다 찾은 좋은 방법입니다. ‘어떻게 하니?’ 근심 걱정하는 것보다는 무작정 컴퓨터 앞에 앉습니다. 그리고는 간절히 기도 드립니다. '하나님, 제발 도와주세요. 이거 큰일입니다. 제 능력으론 도저히 안 되니 도와주세요.' 그러고 나서 마구 써 나가다 보면 또 쓰이는 것이었습니다. 깊이 구상하고, 고민하는 것도 중요하지만 그보다는 아무 생각 없더라도 기도하고, 시작하다 보면 또 되곤 합니다. 그냥 하다 보면 방법이 생기는 것 같습니다. 요즘은 특별한 구상이나 계획 없이 그냥 컴퓨터 앞에 앉기부터 합니다. 기도하고 마구 쓰다 보면 글이 되어 갑니다.

이건 아마 다른 일들도 마찬가지일 듯합니다. 주어진 과업에 '어떻게 해야 하나' 하는 생각만 자꾸 하면 할수록 마음만 불안해질 뿐입니다. 아예 덜 준비되었더라도 시작부터 하면서 풀어 가는 게 나은 듯싶습니다. 자신 없는 일, 처음 하는 일이 덜컥 겁부터 나서 시행하기도 전부터 불안감에 휩싸입니다. 그러나 다 사람이 하는 일인데요 뭐, 일단 하다 보면 과정 속에서 지혜도 생기고 방법도 터득되는 듯합니다. 사실 이 연재도 작년 9월엔가 우연히 제의받곤 일언지하에 정중히 사양을 하였습니다. 그러고는 10월엔가 고민에 고민을 거듭한 끝에 그저 저에게 기회를 주심에 감사해서 한번 해 보겠다고 자청하였습니다. 제 역량으론 도저히 불가능할 것만 같음을 알면서도요.

지난 2005년 하반기에 장로회신학대학교 기독교교육연구원 간행 월간 ≪교육교회≫에 '기독교학교 현장이야기'를 연재해 달라는 제의를 받고 멋모르고는 덜컥 하겠다고 하여 시작하고 나서 한 것이 5개월 동안 아주 죽을 맛이었습니다. 그저 학교에서 경험한 이야기를 진솔하게 펼쳐 내는 것으로 분량도 A4 3~4쪽이면 되니 아주 쉽게 생각하고 덤벼든 것이었습니다. 그런데 글을 쓴다는 게 이렇게 힘들 줄이야. 그것도 연재이니 안 할 수도 미룰 수도 없었습니다. 연재는 하면 할수록 문장력이 늘어 좋은 게 아니라 고역이었습니다. 처음엔 뭘 할까 하는 주제 찾기가 힘들고, 다음부터는 한 건 빼고 새로운 소재와 주제를 찾아야 하니 이게 또 할 때마다 고역이었습니다. 이를 뼈저리게 경험하였기에 연재는 안 하려고 한 것인데 참! 쉽게 거절 못 하는 성격 탓에 하기로 한 게 오늘에 이른 것입니다.

지난 2005년은 수필이었습니다. 분량도 좀 적고……. 그런데 지금 연재하는 글은 나름대로는 학술적인 적은 분량의 논문 성격으로 내용의 깊이를 지니면서 논리적으로 써야 하고, 그러면서도 이해하기 쉽게 해야 하고, 분량의 제한도 받습니다. 이렇게 어려운 과제를 시작한 것이 엊그제 같은데 벌써 반을 넘어섰습니다. 7, 8월호는 합본호로 한 달을 쉬기에, 저도 좀 쉬고 나서 9월호부터 또 이어가면 됩니다. 그야말로 한시름 덜어낸 기분입니다. 역시 느끼는 건 매달 글이 더 좋아져야 하는데 점점 더 길어지고, 마감 날짜도 늦추게 되어 마음씨 고운 편집 기자님에게 점점 미안해지곤 합니다. 그러면서도 양해해 주실 것을 믿곤 합니다. 아주 친절하고 착한 분이시라서요.

조 기자님과는 흔히 찾는 학연, 지연, 혈연은커녕 거주지, 성별, 연령, 교단, 출신학교, 전공 어느 것 하나 공통점이 없습니다만 좋은 일로 만나고 서로 격려하다 보니 오랜 지기처럼 편하기도 합니다. 제가 내향적인 성향이 강해서, 여자 분들과는 사귐이나 소통을 잘 못하는데 다행입니다. 하기야 편집 기자님과는 한 번도 뵌 적이 없고, 가끔 일로 사무실에 전화 몇 번 드린 것이 다입니다. 그런데 제 개인적인 삶의 편린들과 고민도 드러낸 적이 있습니다. 제게 아주 소중한 기도제목도 드러내고요. 아마 편집 기자님이 너너한 마음과 친절도 좋은 사귐의 원동력인가 봅니다. 또한 대하기 편한 건 전혀 다른 곳에 살기에 비밀보장이라는 상담의 기본원칙이 지켜지는 것 같습니다.

저와 기자님의 공통점이 바로 '이메일 확인 중독자'라는 것입니다. 하루에도 10여 차례 이상 메일을 확인하고, 가급적 답신을 합니다. 편집 기자님도 회사 이메일을 수시로 확인하고는 가끔씩 정겨운 글샘으로 격려해 주고 소식을 주시곤 하십니다. 면대면 만남도 중요하지만 글로 생각을 공유하는 사귐의 장을 참 좋아합니다. 제가 좋아하는 경구가 바로 중용(中庸)에 나오는 공자의 말로 '이문회우(以文會友)'입니다. 이 말은 "글로써 벗을 삼는다"는 말로 딱 저의 경우를 지칭한 듯합니다. 그런 이유로 그나마 연재 글이 7회 동안 무사히 진행된 듯합니다. 조 기자님이 바쁘실 텐데 거칠고 옹색한 제 글을 산뜻하게 다듬어 주셨습니다.

그러고 보니 제 글은 저만의 글이 아닙니다. 가깝게는 제 아내가 꼼꼼하게 교정봐 주고 학교와 교회의 몇몇 지인 분들이 교정봐 주십니다. 또 몇몇 책사랑 도반(道伴)들이 책을 보내 주시곤 하여 아주 긴요한 자료가 확보되곤 합니다. 이런 사랑과 관심과 격려가 어우러져서 제 글이 아닌, 우리의 글이 나온 듯합니다. 좀 어렵지만 도전하고 해 나가다 보니 조금씩 제 역량도 커지는 듯합니다. 며칠 전, 편집 기자님에게 간청을 드렸습니다. 자청해서 내년에도 더 좋은 필진이나 다양한 필진으로 구성하시면 제가 물러나야 하지만 만약 가능하시다면 이어서 하고 싶다고요. 분야는 다른 형식이라도 좋다고요. 그랬더니 오히려 제게 부탁을 해야 할 것 같다고 하셨습니다. 내년엔 어찌 될지는 모르나 가능할 것 같다는 말씀에 어린아이처럼 신이 났었습니다.

사실 올해, 학교 일과 교회와 가정 일 그리고 학업과 학술 및 수필 등 글쓰기로 정신없는데 내년엔 더할 듯합니다. 소중한 아들을 입양이라는 채널로 만나 사랑하며 지내다 보면 더 바빠지고 체력도 한계를 드러낼 것입니다. 그리고 가능한 대로 내년 상반기에 박사학위 논문도 완성하려고 하고, 연재 글도 모아서 다듬어 출판하려고 생각 중입니다. 그리고 여력이 되면 수필집 한 권과 학술논문들을 모아 또 책을 내려고 합니다. 어느 일 하나 쉬운 게 없는데 내년에 또 자청해서 하겠다고 덤비는 마음이 어디서 나온 것이지 저도 잘 모르겠습니다. 그리고 또 수필을 연재할 곳도 찾는 중입니다. 점점 더 바빠지는데 왜 이렇게 욕심은 더 많아지는지요. 글만 쓰고 살지 못하는 처지인데도요.

지금도 여기저기 학술논문을 쓰고 또 씁니다. 자주 떨어지면서도 도전하고 또 도전합니다. 어제도 모 대학 인문학연구원 투고한 논문이 지난해에 이어 탈락이었습니다. 하도 떨어지기도 하고, 되기도 하여 이런 소식에는 일희일비(一喜一悲)하지도 않게 되었습니다. 제가 쓰고 투고하고, 게재되는 곳들은 우리 기독교계나 신학대학 쪽은 거의 없습니다. 그 이유는 기독교계나 신학 쪽은 소속교단, 학위, 경력, 현재의 직위를 많이 따지기에 시골 무명서생인 제게 기회가 주어지지 않습니다. 그러다 보니 여기저기 알아본 곳들이 일반대학과 일반잡지 등입니다. 이런 곳에 제 전공인 기독교사회윤리학으로 글샘을 길어 올리는 것입니다.

그런데 생각해 보니 이게 또 의미가 있습니다. 기독교계나 신학 쪽은 우리끼리만 보는 데 빈해, 일반대학이나 잡지는 신앙인도 보고, 신앙인이 아닌 사람들도 보기에 독자의 폭이 넓습니다. 어찌 보면 일반 학술계와 잡지에 기독교세계관을 펼치게 되는 의미도 있습니다. 그래서 아무도 그렇게 말해 주는 사람은 없지만 저 혼자 억지로 말해 봅니다. 기독교학술선교사이고 기독교수필선교사입니다. 가끔은 제 글이 채택되고 게재되면 돈도 받습니다. 사실 일반 분야에 도전하다 보니 잘 모르는 곳이라 떨어지기도 하고, 정보도 어둡습니다. 목사라는 타이틀이 유리하지도 못하고, 오히려 반기독교 학술계를 만나면 많이 불리합니다. 더욱이 기독교 변증이나 세계관을 담아냄이 많은 경우는 아주 불리합니다. 그래도 끊임없이 도전하고, 또 하렵니다.

이번에 이번 달 연재 글을 보냈으니 한 달은 쉽니다. 이번 달에 아마 제게 소중한 셋째 아들이 올 듯합니다. 그러면 아기 돌보느라 책 읽고, 글 쓰는 데 좀 소홀할 듯도 합니다. 그러니 한 달의 쉼이 제게 참 다행입니다. 제게 한 달의 휴가가 주어지는 듯합니다. 셋째 아들과 마음껏 좀 놀고 쉬고 하고 나서 다음 달에 또 열심히 써야 합니다. 우리 하나님은 지나치게 일하는 거, 안 쉬는 거 화내실 정도로 싫어하십니다. 사실 이번 달 원고가 이에 대한 것으로, 안식일 지킴에 따라 반드시 쉬라고 명령하셨습니다. 예수님은 더 강하게 안식일이 사람 위해 있다고 선언하셨습니다. 또한 일을 더 잘 수행하기 위해서도 쉬어야만 합니다. 그러니 여가, 레크리에이션도 바람직한 안식일 지킴을 위한 것임을 강조하였습니다. 주제는 이렇게 거창하고 뚜렷한데 끝내고 보니 논리 전개가 어눌한 듯하여 아쉽기도 합니다. 좀 더 논리적으로 치열하게 진척시키지도 못한 듯합니다.

사실 이번엔 좀 바쁘다 보니 지인 분들께 교정 부탁도 제대로 못했습니다. 하기야 바쁜 건 핑계지만요. 게으름이 가장 큰 이유입니다.

미리미리 하면 시간이 충분한데 아직도 해야 할 일이 임박해야만 제대로 일을 시작합니다. 설교도 미리 준비 안 합니다. 학교 시험 출제도 그렇다 보니 문제투성이입니다. 이 고질적인 병은 안 고쳐지려나 봅니다. 조금 나아진 것이긴 하지만 아직도 아주 임박해야 벼락치기로 진행을 합니다. 해야 할 일이 한 달 후라고 해도 미리 안 하고 며칠 남겨 놓고야 하다 보니 밤새서 하는 경우도 있습니다. 이번 달이 바로 그런 경우입니다. 아마 이건 저만 그렇진 않을 것 같습니다만……. 그러다 보니 좋은 결과를 기대하긴 어렵습니다. 미리미리 하고 충분히 검토하면 좋으련만 나쁜 습관에 의한 생활리듬인지 영 고쳐지질 않습니다.

오는 9월호도 지금 준비하고 집필하면 충분히 교정 볼 시간을 확보하고 글도 훨씬 나아질 텐데요. 지인 분들에게도 교정 부탁하면서 충분한 시간적 여유를 드릴 수 있을 텐데요. 이걸 알면서도 미리미리가 안 됩니다. 남자는 죽기 전에야 철든다고 하는데 저의 벼락치기 습관이 고쳐지는 날이 죽기 직전이 되어야 가능할까요. 너무 비관적인가요. 저의 사람됨이 이 모양입니다. 알면서도 못 고치니……. 아니 안 고치는 것이지요. 그런데요 참, 억지로 고치려고 할 마음도 안 생기니 더 문제입니다. 이렇게 살아온 게 워낙 익숙한 것도 있고, 너무 억지로 고치려는 노력으로 저 자신을 괴롭히는 것도 싫고, 이에 대한 에너지를 쓰는 것도 좀 싫습니다. 그래도 문제를 분명히 알고 있으니 고치려고, 최소한 개선하려고는 할 것입니다. 정해진 날짜와 약속을 염두에 두고 조금은 서둘 것을 유념할 것입니다 그러나 이를 지나치게 할 생각은 없습니다. 너무 옥죄어 사는 건 또 아주 싫어합니다. 자유혼의 삶을 갈망합니다.

그런데 제가 또 다중인격입니다. 지난주엔 일 때문에 어느 곳에 가서 차 대접을 받게 되었습니다. 미리 연락드린 게 아닌 방문인데도 친절하게 맞이해 주시고는 차 한 잔을 대접해 주시려고 물으셨습니다. "선생님, 어떤 차를 드릴까요?" 그 친절한 물음에 우두망찰……. 그만 정신이 아득해졌습니다. 이런 일에 아주 어색합니다. 선택을 잘 못합니다. 이게 바로 저의 벼락치기와 쌍벽을 이루는 '노예근성'입니다. 우물쭈물 대답한 말이 이 모양입니다. "예, 저 아무거나 잘 마십니다. 아무거나 편하신 대로 주세요. 감사합니다." 이런 제 말은 겉으로는 남을 배려하는 듯하지만 사실은 이게 선택을 못하여, 그냥 묻혀 가려는 무책임하고 자기 주도적이지 못한 자세입니다.

요즘 제 삶이 뒤죽박죽입니다. 자는 시간이 새벽을 넘기기 일쑤이고 피로감에 초저녁에 자곤 합니다. 어제도 2시 넘어서 잠들었는데 오늘은 내일이 쉬는 날이라는 안일함으로 새벽 세 시 반입니다. 요즘은 초로(初老)의 단계인지 아침잠도 없어진 것인지 새벽같이 일어납니다. 생활의 정돈된 리듬도 없고, 책상엔 온통 뒤죽박죽 책들과 자료로 산만하고 일하는 것도 이것저것 어수선한 게 철들려면 아직 멀었나 봅니다.

::아련한 추억으로 오늘 하루를 보냈습니다

오늘 교무실에서 송재규 선생님과 이런저런 이야기를 나누었습니다. 그러다가 문득 선생님이 제게 물으셨습니다. "목사님은 퇴직하시면 뭘 하실 거예요?" 갑작스러운 질문에 순간 당황하였습니다. 선생님은 이번 학기에 명예퇴직을 신청하셨습니다. 선생님은 수학교사이시면서 공인중개사 자격증을 취득하셨고, 사모님이 현직 중학교 교사이시고, 따님도 공부를 잘해서 교대에 진학하여 경제적인 어려움은 없다고 하시는데 부럽기도 하고, 다행이다 싶기도 하였습니다. 저도 모르게 얼결에 옹색한 대답을 하였습니다. "그저 연금 받으면서 글을 쓰고 살고 싶습니다."

문득 선생님과 이야기를 나누면서 정말 퇴직 후에 뭘 하며 살까 하는 생각을 해 보았습니다. 정년퇴직하려면 22년이나 남았고, 오늘 당장 할 일도 제대로 못해서 허덕거리면서 지내기에 무려 22년 후에나 있을 정년퇴직 후, 뭘 하면서 살까 하는 건 별로 생각해 본 적이 없습니다. 하기야 지금까지 생각한 대로 된 일도 별로 없습니다. 문득 저도 퇴직 후에 뭘 하면서 지낼까 하는 생각을 해야 하는 건가 하는 생각이 들었습니다. 제가 너무 미래에 대한 계획도 없이 사는 건가 하는 생각이 들었습니다.

이거 참, 반성을 해야 하는 건가요? 그런데 아무리 머리를 굴려 봐도 이 자리를 떠나면 뭘 할까 하는 생각의 진전이 없었습니다. 이건 뭐 제가 교직이나 목사직이 천직이거나 특출한 사명감에 의한 것이 아닙니다. 사실은 제가 그다지 뭘 할 줄 아는 게 없고, 계획한 대로 된 일이 없는데 무려 22년 후를 계획한다는 게 어색하게 느껴졌습니다. 별다른 대안이나 대책도 없이 제 삶의 조건을 바꿀 수도 없습니다. 그러니 인생의 터닝 포인트랄까, 이모작이라는 거창한 말을 떠올려 보지 못합니다. 다행히 정규직으로 정년이 보장된 삶이니 그저 오늘 주어진 일에 최선을 다해 볼 생각입니다.

만일 어떤 불가항력적인 일로 삶의 전환을 맞이해야 한다면 그때 가서 대처하려 합니다. 제가 좀 개념 없이 사는 편이라 먼 미래에 대한 건 잘 모르겠습니다. 그러고 보니 제 나이 어언 42살인데 아내는 전업주부이고 몸도 좀 약합니다. 거기에 제가 장남으로 연로하신 부모님도 부담이고 사랑하는 딸이 7살, 아들 겨레가 3살인데 이번에 또 입양할 소중한 아들이 1살일 것입니다. 그러니 제가 정년을 채운다 해도 아이들 교육도 제대로 시켜 주기 어렵습니다. 경제적인 여건이나 미래를 꼼꼼히 따져서 준비하고 계획하면서 살았다면 오늘까지 제가 해낸 학업이나 아이들의 일도 불가능했을 것입니다.

그야말로 현실과 미래에 대한 개념을 상실한 별종입니다. 그런 저를 믿어 주고 함께해 주는 제 아내나 아이들이 그저 고마울 뿐입니다. 사실 제가 박사과정을 공부하고 겨레를 입양하면서 사랑이가 간절히 원한 피아노 학원을 보내지 못했습니다. 사랑이를 위해 남들 다 하는 사교육을 단 하나도 시키지 못합니다. 아내는 그 흔한 휴대전화 하나 없고, 가족나들이를 가려고 해도 자가용이 없어 이리저리 버스를 타고 다녀야만 합니다. 그런데 아내와 사랑이와 겨레도 싫은 소리 하나 없이 함께해 주니 저만 별종이 아니고 저희 가족도 모두 별종인가 봅니다. 이게 참 다행인지, 제가 별종 짓을 해도 되도록 방치되고 촉진하도록 하는 것인지 모르겠습니다.

만일 아내가 강하게 제 삶의 방식에 이의를 제기하였다면 아마도 전혀 다르게 살았을 텐데요. 아니 사랑이나 앞으로 겨레라도 이제는 좀 일반적으로 살자고 하면 자식 이기는 부모 없다고 제가 그 뜻을 받들었을 텐데요. 이거 참, 좋은 건지, 나쁜 건지……. 이런 건 잘 모르겠지만 아무튼 분명 별종입니다만 제가 사랑하는 가족과 함께하니 가슴 벅찬 행복감과 감사함으로 삽니다. 앞으로도 제가 뭔 희한한 짓을 하려고 해도 제 가족은 함께할 것입니다. 그렇다고 사표를 내고 뭔가 다른 삶의 여정을 밟아 가려고는 안 할 것입니다. 제가 별종이긴 해도 무모할 정도로 허황되지는 않으니 참 다행입니다.

그래도 굳이 제게 터닝 포인트랄까요, 생애 전환기랄까요. 뭔가 의미 있는 시간 보내기를 찾는다면 아마도 요즘 바짝 흥미를 가져 보는 글쓰기일 것입니다. 글쓰기라는 걸 돈벌이노동으로 한다면 아마 지금처럼 즐기면서 치열하게는 못 할 것 같습니다. 하기야 제가 돈벌이로 글쟁이 되긴 버겁습니다. 그다지 독자의 취향에 맞춰 쓸 줄도 모르고, 시골의 무명서생이라 글의 상품성도 없습니다. 그러니 제가 하는 글쓰기가 마음 편한 것은 그저 취미로 하는 것이기에 즐겁습니다.

제가 연재하는 글을 쓰고, 여기저기 글 쓰는 곳들도 원고료를 주지 않기에 마음이 편합니다. 글을 쓰기에 제가 좀 열정을 쏟고 젊어지는 듯도 합니다. 흔한 말로 늦었다고 할 때가 가장 빠르고, 즉시 시작할 적기라고들 합니다. 그러나 제가 막상 무슨 일을 하려면 말처럼 쉽지만은 않은 것이 현실입니다. 그러니 희망을 갖고, 열정을 쏟을 거리가 있다는 것이 여간 즐겁고 행복한 일이 아닙니다.

글쓰기 작업을 위해서는 문단 데뷔를 하는 게 모양새가 나는데 다행히 올해 2월 기독교문예지에 수필로 등단을 하였습니다. 그러니 저도 어엿한 기독교수필가로 자리매김하는 시늉은 할 수 있게 되었습니다. 그러고 보니 미국의 유명한 추리소설 작가 '레이먼드 챈들러'는 45세에 작가로 데뷔했습니다. 그전까지는 은행과 석유회사 등에서 평범한 사무원으로 일하다가 작가로 데뷔하자 무섭게 글을 써 내려가『기나긴 이별』등 추리문학사에 기념비적인 작품을 많이 남겼습니다. 그 밖에도 인생의 전환점에서 성공한 사람들은 많습니다. 유명한 화가 고갱도 그러했습니다. 그리고 제가 좋아하는 박완서 선생님도 마흔의 나이에 문단에 데뷔하셔서는 지금까지 열정적으로 소설과 수필의 수작들을 내놓으셨습니다.

엊그제는 아주 귀한 분에게서 소식을 접하고는 얼마나 기뻤는지 모릅니다. 제게는 늘 마음에 꺼림칙한 아픔으로 남아 있는 아련한 추억 가득한 사귐이 있습니다. 제가 성공회대학교 신학과 재학 중 만난 이광일 전도사는 참 좋은 친구였습니다. 저보다 연배는 낮았지만 늘 저를 아껴 주는 벗으로 서로 속 이야기를 나누곤 하였습니다. 저희는 서로의 이야기에 귀 기울여 주고 삶을 나누는 사귐이 참 좋았습니다.

이 친구는 편입 전에 전공이 시각디자인으로, 제가 맨 처음 교육전도사로 성경공부 교재를 만들 때 아주 멋지게 도와주었던 친구였습니다. 그것이 지금의 아내를 만날 때 아주 긴요한 역할을 하였습니다. 언젠가 제 아내의 고백이 제가 교육전도사로 와서는 꼼꼼하게 만든 성경공부 교재를 만들어 온 것이 좋은 인상으로 남았다고 합니다. 그렇게 귀한 사귐을 갖던 중 이 친구는 저처럼 선천적인 심장질환으로 결국 주일 예배 중 하나님의 부르심에 즉각적인 응답으로 떠나고 말았습니다.

이 친구는 저와 평소 존경하는 손규태 교수님을 찾아갔을 때, 자신의 죽음을 예고한 듯한 말을 꺼냈었습니다. 그리고 떠나기 3일 전, 저와 1시간이 넘게 밝은 목소리로 통화하였습니다. 그리고 주일 오후 이 친구가 섬기던 교회로부터 소천소식을 접하였습니다. 너무도 어이없고 믿겨지지 않는 소식에 황망히 옷을 챙겨 입고 서울 순천향대학교 병원 장례식장으로 갔습니다.

어슴푸레 내려앉은 황혼녘에 도착한 장례식장은 더 서글퍼 보였고, 을씨년스러운 기운이 제 마음을 더 착잡하게 하였습니다. 그리고 문상객을 맞는 미망인 한지연 님이 하염없이 흘리던 눈물에 제 가슴은 찢어지도록 아파 왔습니다. 너무도 슬퍼서 오래 있지도 못하고 황급히 나오느라 아내가 결혼 선물로 준 구두를 놓고 낡은 다른 사람의 구두를 신고 집으로 왔습니다. 어떻게 기차를 타고 버스를 타고 집으로 왔는지도 모를 정도로 오다 보니 구두가 바뀐 것도 몰랐습니다. 그리고 몇 년 후 왠지 제게는 갑작스러운 가슴통증으로 고생하는 병이 생겼습니다. 그러면서 문득 그때 본 한지연 님이 하염없이 흘리던 눈물이 연상되곤 하였습니다. '아! 나도 심장이 멈춰 죽으면 내 아내와 아이는 어쩌나?' 하는 죽음에 대한 공포와 건강염려증이 생겨났습니다. 또한 아름다운 우정을 나눈 사이로 남은 가족에게 뭔가

도움을 주어야 하는데 제 삶의 여건과 주변머리로 그것도 여의치 않아 늘 미안한 마음이었습니다.

그렇게 여러 해가 지난 어느 날 문득 생각이 나서 잘 지내는지 알고 싶어 수소문한 끝에 한지연 님을 만났습니다. 한지연 님은 그동안 무심하게 연락 한 번 안 하던 저를 반갑게 맞아 주셨습니다. 그렇게 만나서는 그동안의 삶의 이야기를 나누게 되었습니다. 한지연 님은 저와는 동갑으로 늘 해맑은 미소로, 뜨거운 사회참여적인 진보적인 의식으로 살아가심을 알았는데 뵙고 보니 그 모습 그대로셨습니다. 그날 한지연 님의 살아가시는 이야기를 소중하게 들었습니다. 경제적으로는 그다지 잘사시는 건 아니신 듯하였으나 뭐랄까 생명력이 느껴지는 분위기에 마음의 짐을 풀어 놓을 수 있었습니다.

한지연 님은 시댁에 사시면서 개구쟁이 아들 세혁이를 키우시면서 새로운 삶을 펼쳐나가신 다는데 그 모습이 아주 힘찬 열정으로 보였습니다. 그리고 제 아픔의 고백을 들어주시고 격려해 주셨습니다. 가장 큰 위로는 같은 경험을 공유하는 것인가 봅니다. 한지연 님은 병약하게 살아가는 제 이야기를 들으시고는 깊이 공감해 주셨습니다. 그리고 자신도 비슷한 경험을 한 적이 있다고 하시면서 위로해 주셨습니다. 아주 귀한 상담사를 만났습니다. 하늘나라로 유학을 떠난 이광일 전도사가 늘 제게 힘이 되어 주고 격려해 주더니 이날은 또 한지연 님이 제게 그런 사랑을 나누어 주셨습니다.

그러고는 가끔 연락드리다가 천성이 게으른 탓에, 연락을 잘 안 하고 살았습니다. 그렇지만 늘 마음에는 아련한 아픔, 그리움, 추억으로 남았습니다. 그런데 며칠 전, 제가 매일 쓰는 일기를 이메일로 많은 지인들에게 보낸 것에 대한 답신이 왔습니다. 특히 제가 보내는 중년기에 대한 삶의 편린들을 접하시고는 귀한 답신을 주셨습니다. 아래는 한지연 님의 답신 이메일입니다.

> 보내 주신 일기로 한 박사님(아 박사과정 밟고 계시더라고요 ^^) 근황과 가족을 보니 너무 반갑고 마음이 따뜻해집니다. 안일해지는 일상에 변화를 위해 분투하시는 모습, 보기 좋고요. 그만큼 안정된 모습……, 감사하네요.
>
> 저도 40대를 살며 생활에 나름 큰 변화가 있었습니다. 가게를 하나 차렸거든요. 호밀호두과자점이지요. 가까운 이들에게 인생의 이모작을 이야기할 때는 상담일을 생각했었는데, ㅎㅎ 사는 게 계획대로 되는 건 아니잖아요. 어찌어찌 하다 과자점 주인이 되었습니다. 올 1월 18일 날 오픈했고요. 집 근처 미아역 앞에 차렸지요. 이제 좀 익숙해져서 여유를 찾아보려고 노력하고 있습니다. 한동안은 울 아들 세혁이가 가게로 전화해서 잘 때도 엄마 얼굴 못 보고 아침 일어나서도 엄마 얼굴 못 봐 서운하다며 전화로 안부를 주고받기도 했지요.
>
> 원래 하던 피아노 레슨을 계속하면서 이 일을 하는지라 더 바쁘고, 태어나서 처음 해 보는 장사이니 마음 쓸 일이 한두 개가 아니더군요. 그래도 장사가 나름 잘 맞는 것 같아요. 제 안에 감추어진 새로운 자질을 계발하고 있는 중입니다. 우리 호두과자 맛있다고 단골도 많이 생겼고요.
>
> 한 박사님, 혹 서울 오시면 한번 들르세요. 맛있는 호두과자를 대접하고 싶네요.
>
> 지금처럼 건강하시고 평안하시길!
>
> 계속 일기 보내 주신다면 감사히 받아 보겠습니다.

이 이메일을 받아 보고는 눈물이 날 것만 같은 감동과 고마움으로 읽고 또 읽었습니다. 역시 한지연 님의 굽힐 줄 모르는 힘찬 생명력이 느껴지는 듯하였습니다. 저도 내친김에 반가움으로 곧바로 답신을 띄웠습니다.

별것도 아닌 걸 읽어 주시니 감사하지요. 사실 인터넷이란 거하고 잘 안 친하실 것 같은데 메일을 알기에 그냥 보냈었지요. 역시나 통 안 보시더라고요. *^ ^*

반갑습니다. 수년 전 뵌 게 엊그제 같습니다. 잘 지내시니 더 반갑고요. 그때 한겨레신문을 보셨지요. 제 아들 이름이 한겨레예요. 한 박사라. 제게 그렇게 불러 주는 거의 유일한 이가 하늘나라에 먼저 가고는 오랜만에 접하네요. *^ ^*

한지연 님과는 동갑내기지요. 메일 아이디로 69년을 표기하시네요. 대개 여성분들은 나이를 잘 안 밝히시던데요. 그러고 보니 저희가 중년기이지요. 가끔 심리학 책을 보니, 중년기 언급이 다 제 이야기 같아요.

한지연 님이 어머님을 닮으신 것인가 봅니다. 생활력이라고 해야 하나요. 참 강하시고, 실제적인 경제문제에 대한 도전정신도 강하시네요. 전 잘 못할 것 같아요. 다재다능하시고요. 예전에 청소년상담사 자격증도 취득하신 것 같은데요. 사회복지사 자격증도 하셨지요. 아마……. 장롱면허신가 봅니다.

세혁이가 몇 살인지요?

저는 시골사람 다 되었죠. 벌써 10년이 흘렀어요.

요즘 책 쓰고 책 내는 것에 마음이 쏠려서……. 꾸준히 글을 써 보는 중입니다.

제 글에 제 삶이 나오지요.

제 카페 다음에서 한샘한사랑(http : //cafe.daum.net/hanlove0602)과 민들레성서마을(http : //www.mindlle.com) – 이야기마당 – 한승진에도 글을 올려요. 딸이 하나 있고(7살 – 한사랑) 아들은 2008년 12월 18일생으로 입양하였지요. 아마 이번 달에 입양 신청한 아들이 올 것 같아요. 이름 고민입니다. 한샘물이나 한가람 ? 우리말이 좋은데요…….

아마 제 책은 인터넷 서점에서 구입 가능할 거예요. 별건 아닌데 제 딴엔 기념으로 하였지요. 『사랑한다 내 딸 사랑아』로 920그램의 딸을 낳고 쓴 아비의 일기이고, 『아빠와 함께 읽는 성경이야기』로 입양한 아들에게 전하는 아비의 성경 이야기입니다.

이 두 책에 제 모교인 성공회대 신영복 선생님이 제목 글씨를 써 주셨지요. 제가 무명작가라 그런지 책은 잘 안 팔리지만 꾸준히 글을 써서 또 책을 내려 합니다. 지금 또 준비 중입니다. 이건 셋째 아들에게 바치는 책이지요. 일기도 모아서 나중에 책 내려고요. 게으르면 한두 번 빼먹을 것 같지만, 매일 쓰려고요. 자꾸 써야 글이 느니깐요.

전 단조롭게 살아요. 아내는 전업주부이고요. 시골학교 선생과 목사로 사는 게 좀 그렇지요 뭐. 그냥 살긴 뭐해서요. 깊이 살펴보려고 글로 형상화해 봅니다. 첨부는 가족사진 몇 컷이요. 세혁인 똘망똘망하게 건강한 모습이었지요.

저는 전에 말씀드린 대로 병으로 사는데요. 이젠 병하고도 친구 된 듯 오랜 지기처럼 안 떨어지고 동거 중입니다. 어디를 가나 같이 다니는 벗님처럼 친하게 지내요. 서울 가면 한번 들를게요.

이렇게 답신을 띄우고 나니 제 마음 깊이 후련해지는 기운이 느껴지는 듯하였습니다. 어쩌면 이렇게 한결 같으신지요. 아주 오래전에 이광일 전도사가 제게 늘 마음 깊이 사랑한다는 한지연 님에 대해 이야기하던 것이 생각났습니다. 자신은 연상인 건 괜찮은데, 진보적인 의식에 대해서는 다 이해하지 못하지만, 늘 넉넉한 마음 씀에 흠뻑 빠져들어 헤어 나오지를 못한다고요. 자신은 한지연 님이 아니면 절대로 안 된다고요. 그렇게 간절히 소중한 사귐을 원하면서 기도해 달라고 하던 모습이 지금도 눈에 선합니다. 그렇게 하여 두 사람은 결혼을 하였고 사랑 깊은 열매 세혁으로 인해 아름다운 사랑이 더해 갔습니다. 그러나 하나님이 이광일 전도사를 끔찍이 사랑하시어 옆에 두고 싶으셨는지 너무도 일찍 하늘나라로 데리고 가셨습니다.

늘 한지연 님은 이광일 전도사가 제게 그랬던 것처럼 살갑게 대해 주는데 늘 죄인인 양 겸연쩍은 어색함으로 자주 연락드리지 않았습니다. 그러나 아주 가끔 뵈올 때마다, 연락을 주고받을 때마다 왠지 오랜 지기에게서나 느끼는 따스함과 훈훈함이 느껴졌습니다. 그러고 보면 한지연 님과 묘한 공통점도 지녀서 더 정겨운지도 모릅니다. 성씨도 같고, 나이도 같고, 서울 변두리 출신도 같고, 가난뱅이 출신으로 살아온 것도 같습니다. 세상을 진보적으로 바라보는 시각도 같습니다. 이렇게 저렇게 가방끈을 늘렸고, 자격증도 취득하였으나 그야말로 장롱면허인 것도 공통점입니다.

그러나 한지연 님은 저와는 달리 참 강인한 들꽃이신 듯합니다. 그러니 이광일 이 친구가 마음 편히 하늘나라로 갔을 것입니다. 남들은 어색할지 모르는 시집살이도 어쩌면 그렇게 잘하시는지 모릅니다. 시아버님과 시어머님을 친부모님 대하듯이 그냥 아버지, 어머니로 부르시고 자주 도란도란 이야기를 나누시는 듯합니다. 이건 시댁이 아니라 정다운 친정부모와 딸의 모습인 듯합니다. 한지연 님이 평범한 듯 옹골차게 살아가시는 모습이 조금은 바보 같고 엉성하게 이리저리 흔들거리며 살아온 제게 일침을 가하신 듯도 합니다.

문득 저도 좀 힘내서, 당찬 모습으로 살아가는 모습을 보여 드려야겠다는 생각을 해 봅니다. 멀리 떨어져 사니 교우하긴 어려워도 기회 닿는 대로 세혁이와 제 아이들이 마치 사촌들처럼 다정하게 지내는 것도 좋을 듯합니다. 제가 나이 들어 감인지, 요즘은 예전에 알고 지내던 아련한 추억 속의 그리운 분들이 생각나곤 합니다.

일기를 쓰다 보니 늘 밝은 인상을 주던 성공회대 시절 사회복지학과의 후배 강희정도 연락을 주고받게 되었습니다. 철도공사에서 근무하는 철(鐵)의 사나이인 부군과 잘 살면서 미시족 주부로 세무서에선가 일한다니 참 좋습니다. 희정이 편에 늘 넉넉한 미소로 반겨주던 조혜연이의 소식을 전해 들었습니다.

언젠가 희정이가 무더운 여름에 학교 교정에서 거의 슬리퍼에 가까운 샌들에 배꼽티에 가까운 걸 입고 나타난 적이 있습니다. 언제나 밝고 경쾌한 느낌의 희정이는 늦깎이 대학생인 제게 참 귀엽고 풋풋한 젊음으로 느껴졌습니다. 희정이는 워드에 서툰(지금도 두 손가락으로 워드를 칩니다) 저를 위해 여러 번 도와주곤 하였던 기억도 납니다.

오랜만에 연락하게 된 희정이는 제게 목사님, 선생님, 선배님이라는 호칭이 어색하다고 전처럼 그냥 승진이 오빠로 부르고 싶다고 괜찮은지를 조심스럽게 물어 왔습니다. 사실 오히려 그게 더 좋습니다. 오랜 지기들은 제게 지금의 직위로 부르지 않고 그냥 처음 사귐 그대로 이름을 불러 줍니다. 그게 부담 없고 정겹게 느껴집니다. 오히려 이 나이에 이전의 대학생 때처럼 오빠로 불림이 더 좋습니다. 그러고 보니 희정이도 이제는 30대 중반 즈음의 기혼여성인데 함부로 이름 부름이 제게도 어색합니다. 이제는 같이 늙어 가는 처지인 듯도 합니다. 그런데 희정이가 먼저 이전의 호칭이 자연스럽고 편하다고 하니 더 반갑습니다. 저야 대환영입니다. 역시 희정이는 이전 모습 그대로 풋풋한 젊음의 향기가 물씬 풍기는 매력을 그대로 간직한 것만 같습니다.

희정이 편에 혜연이도 미국 유학 가서 좋은 재미교포를 만나 결혼하고 잘 산다고 합니다. 모두 보고 싶은 그리운 사람들입니다. 혜연이는 제가 지금의 아내와 연애할 때, 제 아내를 보겠다고 살짝 저와 제 아내가 출석하는 교회에 온 적이 있습니다. 언젠가는 넉살꾸러기 이광일 전도사가 저를 혜연이 집에 가자고 꼬드겨서 간 적이 있습니다. 그때 혜연이는 성격미인인 언니와 함께 저희를 반겨 주고 대접해 준 일이 생각납니다. 그리고 어느 겨울엔가는 이광일 전도사와 그의 아내이신 한지연 님과 혜연이와 제가 만나 도란도란 이야기를 나누면서 저녁만찬을 즐긴 기억도 납니다. 이광일 이 친구는 참 사람 좋은 사귐을 늘 즐기고 저를 그 고운 사귐의 장으로 데리고 다니곤 하였습니다. 그 외에도 아련한 추억으로 남는 고운 사람들…….

이제는 이름도 가물가물하고 오랜 세월이 지난 후라 떠올려 보는 얼굴도 가물가물해지는데 오늘따라 자꾸만 옛 시절이 그리워짐은 어인 일일까요. 중년기를 보내다 보니 제 안의 아니마(남성 속의 여성성)가 더 강해짐인지 모르겠습니다만 이런 제 모습이 편안하게 느껴지니 참 좋습니다. 나이 들어 감은 추억을 먹고 사는가 봅니다.

::아련한 바람결에 느껴 보는 삶의 편린

오늘 일기는 한지연 님과의 교우를 나누는 내용입니다. 일기라고 해도 공개하기에 조심스러운 데다 제 속내를 드러냄이라 이로 인해 제가 불이익을 당할 수도 있어 더 조심스럽습니다. 글이란 게 파급력과 물적 증거도 되니 무섭지요. 그런데도 그냥 드러내 봅니다. 제가 좀 대범해진 건가요. 글로나마 푸념을 털어 냄으로 마음의 찌꺼기를 없애 보려고 몸부림쳐 보는 것이겠지요. 혹 제 글로 마음 상하시거나 지나친 확대해석은 말아 주세요. 그냥 흔들리며 살아가는 예수 찾기의 길에 스쳐 지나가는 바람 같은 생각을 적어 본 것으로요. 그래야 제가 제 삶을 드러낼 수 있거든요. 밤늦게까지 일하시느라 제가 보낸 메일을 밤 12시가 넘어야 보시는 듯한 한지연 님으로부터 이메일이 왔습니다.

> 잘 보았습니다. 읽으면서 계속 눈물이 나네요. 눈물, 콧물이 제멋대로 흐릅니다.
>
> 특별히 뭐라 할 건 없는데……. 사랑이의 지적이 정확한 듯합니다. 좀 기네요. ^^
>
> 그리고 이야기 나눌 때마다 느끼는 건데요. 시어머니 아주 좋으세요.
>
> 어제 보내 주신 일기 밀린 거 읽으면서 든 생각은 광일 씨와 닮은 점이

있으세요. 소심한 거, 약함에 대해 매우 솔직하신 거, 가족 사랑이 절절한 것입니다.

두 달 전쯤 광일 씨가 아침산책을 하고 있는 제게 전화를 했더라고요. 물론 꿈에서요.

자기는 하늘나라에서 매우 잘 지내고 있다고요. 한 가지 흠이라면 좀 심심하다고 하더군요.

목소리가 유쾌했습니다. 제 마음도 좋더군요.

내게 생기는 모든 일을 다 이해하기는 어려운 것 같아요. 그냥 인정하게 되는 거……, 그때가 되면 알게 되겠지요. 다만 오늘 저는 행복합니다.

제가 단골로 가는 포장마차 김밥집 아줌마랑 가끔 이야기를 하는데요. 이분이 다양한 직업 경력을 가지고 계시더라고요. 알고 보니 학습지 교사, 순댓국집, 지금은 포장마차…….

"다양한 일을 하셨네요."

"남편 잘 만나서요. 보통 남편 만났으면 온실의 화초가 되었을 텐데 남편을 잘 만나서 잡초가 됐지 뭐예요.ㅎㅎ 잡초가 좋아요. 살면서 이것저것 경험도 하고요. 재밌잖아요.ㅎㅎ"

이 아주머니의 긍정을 저도 긍정합니다.

한 박사님의 셋째 아이 이름 좀 생각해 봤는데 새로운 건 안 떠오르고요. 가람이와 샘물이 둘 중에는 가람이에 한 표 던지겠습니다. 아이가 너무 예뻐요.

고맙습니다!! 여러 가지로.

제가 다음 날 아침 7시 즈음 보낸 답신입니다. 쓰다 보니 주절주절 토해 낸 삶의 모습이 그대로 배어 나온 듯합니다. 그만큼 한지연 님이 마음 편하게 대해 주셨나 봅니다.

감사합니다.

늘 분주하게 사실 텐데요.

저도 참, 건강염려가 있지요. 나면서부터 심장질환에 대한 아픔도 있고요. 저도 조금은 편해졌어요. 오랜 지기처럼 같이 가는 병으로요. 제 모습도 그대로 수용하고요.

가끔 마음 나누는 벗이 있어 슬픔을 잊곤 하나 봅니다. 포장마차 아주머니의 삶의 질곡이 느껴져요. 두 분의 모습도 연상되고요. 저는 이곳에서 그런 사귐도 없는 듯해요. 목사에 선생이라는 역할이 부담스럽고요.

저와 이광일, 이 친구가 공통점이 있어 친했지요. 사실 저보다 이 친구가 절 아주 좋아했지요. 전 좀 표현이 무딘데 이 친구가 과할 정도로 애정표현을 잘하고 넉살이 좋았지요. 제가 많이 끌려가는 사이랄까요. 여기저기 제 이야기도 하도 잘해 놔서 놀라곤 하였지요. 한지연 님에게도 뭔 한 박사라고 해서 놀랐고요. 어느 땐 제게 조용기 목사님의 『4차원의 영적세계』라는 책을 권해서 읽었는데 저는 별로였지요(지금도 책장에 꽂혀 있는데 아직도 별로네요).

저는 좀 삐딱한 책들을 좋아해서요. 이럴 때 가끔 생각의 차이는 있었죠. 이 친구는 저와 다르기에 저를 또 좋아해 줬지요. 다름을 인정하고, 배우려는 자세가 좋았지요. 저는 좀 저와 다르면 약간 마음의 선을 긋고 그 사람을 규정하곤 하는데요. 한지연 님과도 공통점이었어요. 두 분 사귈 때 이 친구가 언젠가 고민을 털어 놓는데 님이 진보적이시라고요. 제 기억이 맞다면요. 이게 엄청 고민이라고 그래요. 이 친구는 좀 보수적인 신앙관이지요.

한지연 님과의 사귐에 이게 마음의 큰 장애라는데 이로 인해 마음에서 정리하고픈 결국 이를 못 하더라고요. 제가 뭐라 조언한 건 기억이 안 나요. 별말 안 한 듯……. 제 기억으론 한지연 님이 저와 비슷하게 된 듯해요. 말없이 남을 움직이는 게 더 큰 힘인가요. *^^*

문득 그게 사랑이 아닌가 해요. 상대방에게 자기 주관을 강요함이 분명 자신의 주관을 버리지 않지만, 자신이 잘못 생각할지도 모른다는 생각도 하는 열림으로 대해 주니 그만 사귐의 대상이 항복하지요. 님의 답신 받으니 또 그리워지네요. 늘 과도할 정도로 웃음 가득한 그 모습이 늘 행복해 보였지요. 옆에 있으면 지루함을 못 느끼게 하는 사람. 자기 삶을 그냥 다 드러내는 투명한 사람. 사실 님과는 조금 어색하지요. 님은 안 그러시는데 남녀이고 오랜 지기는 아니었고, 멀리 떨어져 사니 교우하기도 어렵고요. 문득 만일 더 일찍 알고 지내고 이광일 이 친구를 하나님이 조금 덜 보고 싶어 하셨다면 님과도 자주 만났을 듯한데요. 가족끼리도요. 같이 늙어 가고요. 하기야 살아 보니 제 뜻대로 되는 일이 별로 없어요. 어찌어찌 살아오게 되다 보면 여기까지 어떻게 온 건가 싶기도 하고요. 신기하고 놀랍고요.

제가 소심한 편이에요. 아주 많이요. 남의 말 한마디가 마음에 남아 생각과 느낌을 마비시키기도 하고 혼자 확대 해석하여 가슴앓이를 하고요. 그래서 마음 통하는 벗을 그리워하곤 하나 봅니다. 바로 이광일 이 친구가 저와 공통점이 많으면서도 저와는 다른 삶의 매력이 느껴졌지요. 무엇보다도 왜 그리 절 좋아해 주었는지 몰라요. 전 제대로 해 준 게 진짜 없었는데요. 공통점에서 오는 친근함이었는지요. 그러면서 제가 조금 더 연상이니 따르고 싶은 것이었는지요. 아마 님이 더 어른스러워(누나 같은) 더 좋아했는지도요. 저도 불현듯 눈가에 이슬이 고이네요. 두 분의 아름다운 사랑이 느껴져요. 정말요.

이 친구는 어디 가나 잘 살 거예요. 천국에서도요. 하도 쾌활하니. 친구 잘 만들고요. 그런데 심심하다니……. 주절주절 웃음 가득 자기 이야기하기를 좋아하는 여성성이 강한데 천국에선 그게 잘 안 되나요. 아무리 좋은 천국에도 님 같은 분이 없나 봐요. 천사들이 많을 텐데 그 많은 천사도 님만은 못한가 봐요. 역시 님의 넓이는 천사들을 능가하네요. 하도 보고 싶으니까 꿈에서 나타나서는 심심하다고 하니 님에게 어쩌라고요. 아직도 어린아이 같은 순정이 느껴지네요. 보니까 세혁이 얼굴에 이 친구가 오버랩 되네요. 님은 옆모습으로 자세히는 안 보이지만요. 연상은 돼요. 아마 제가 일기 씀이 주절주절 저도 제 내면을 토해 내고 싶은가 봐요. 이런 이야기는 만나서 해야 하는데요. 가끔은요.

제가 학교 다닐 땐, 목사 될 마음 전혀 없이 그저 신학공부 자체가 좋았으니까요. 지금은 제도권이라 말도 조심스럽고요. 저 혼자만 목사예요. 학교에서. 그냥 선생이 편한데요. 이 굴레를 떼어 버릴 수도 없고요. 이 학교에서 10년 있었는데 앞으로 22년 있어야 해요. 보장된 삶. 배부른 소리지요. 남들은 사는 게 전쟁이라는데요. 앞으로 10년 지나면 20년 채우니 명예퇴직하고 연금 나오니 그때 저도 이모작을 해 볼까 해요. 그런데 전 워낙 주변머리도 현실감각도 없어서 장사를 잘할까 싶어요.

혹 이담에 연금이라도 쪼금 나오니 그땐 뭔가 결단 내릴까요. 아니면 근무연수 많아지니 봉급 더 받는 옹색한 가장이라는 굴레로 붙어서 살려나요. 모르겠어요. 나이 40대 초반을 넘기면서 더 소심해지고 감성이 예민해진 듯…….

전 제 아내를 사랑하는데요. 가끔은 아내가 걱정할까 봐 속내를 안 드러내기도 해요. 죄송. 이광일 이 친구가 그래서 더 그리워지네요. 멀리 떨어져 사나 가끔 전화하면 한 시간이었지요. 뭔 남자들이 수다를 오래 떨게 되는지요. 둘이서 별 쓰잘머리 없는 이야기로요. 마음 편히 이야기하는 벗으로 그만 한 이가 없으니 더 그리움에 아쉽고 안타깝네요. 님에겐 손은정 목사님, 포장마차 아주머니 같은 분들이 계신가 봐요. 그리고 세혁이가. 이광일 이 친구의 빈자리를 채워 주는 고운 벗들이……. 부럽습니다.

저는 가족이 참 좋아요. 소중해요. 자주 아내와 딸에게 야단맞고 살지만요. 잔소리 듣는데……, 그게 좋아요. 제겐 소중한 사랑 나눔이지요.

언제 뵈려나요. 제 아들 이름은 한가람으로 하려고요. 한자로도 더할 가(加), 넘칠 람(濫)으로도 되고요.

::사람은 잇대어 살아야 해요

사람은 다른 사람과 잇대어 살아가는 존재입니다. 한자로 사람을 '인(人)'이라고 하는데 그 의미도 두 사람이 잇대어 있는 모양이라고 들은 것 같습니다. 그러니 요즘은 IQ(지능지수)보다도 인간과 인간 사이의 관계를 원만히 형성해 가는 능력을 말하는 SQ(Social Quality)가 중요한 덕목으로 꼽히는 것 같습니다. 이에 대한 에리히 프롬의 말이 생각납니다. "바람직한 사람됨은 다른 사람과 건강하게 상생하며 생산적으로 결합되어야 합니다." 여기서 프롬이 말하는 '생산적'이라는 말은 각자가 자발적으로 자신의 잠재능력을 실현해 가는 것을 말합니다. 사람들은 다른 사람을 미워하고, 험담하고, 비난하는 데 지나치게 많은 힘을 허비합니다. 이러다 보니 결국 사람과의 사귐이 건강하지 못하고 지극히 피상적인 사귐에 따른 벽을 만들어 가게 되는 것 같습니다.

그러다 보니 스스로 고독감과 무력감으로 괴로워하게 됩니다. 그러니 다른 사람과의 사귐을 건강하게 만들기 위해서는 차가운 마음의 벽을 녹여내는 자기 개방이 이루어져야 할 것입니다. 요즘 제 딸이 다니는 어린이집에서 강조하는 것이 다른 사람을 배려하라는 것인가 봅니다. 이러한 배려심은 '나'만 있는 것이 아니라, 다른 사람도 있다는 상대방의 세계를 인정하는 데서 이러한 예절도 생겨나는 것입니다. 제가 영어와는 안 친해서 잘 모르지만 생활영어에서 쉽게 쓰는 말로 'I'm Sorry(미안합니다)', 'Thank You very much(감사합니다)'라는 말이 가슴에 와 닿습니다.

이런 이야기가 있습니다. 다산 정약용 선생님의 인품을 짐작하게 하는 이야기입니다. 한번은 다산 선생님이 가난한 집 아낙네가 오랜 병고로 고생하는 것을 보고는 정성을 다해 치료해 준 적이 있었습니다. 아낙네는 궁핍한 형편에 딱히 감사한 마음을 전할 길이 없어, 고심 끝에 달걀 한 꾸러미를 선하였습니다.

그런데 다산 선생님은 외출 중이라 아드님이 이를 받아 두었습니다. 다산 선생님은 아드님에게 전해 듣고는 그것을 장에 가서 팔면 그 집의 한 달 양식은 될 터이니 돌려주라고 호통을 치셨습니다. 이에 아드님이 그것을 돌려주려고 할 때, 황급히 다시 아드님을 부르셨습니다. 그러고는 이렇게 말씀하셨습니다. "한 알은 받아 두어라. 아무리 가난해도 인사 차릴 자존심마저 저버릴 수야 있겠느냐."

다산 선생님은 가난한 사람의 자존심을 지혜롭게 살려 주는 배려도 잊지 않았습니다. 이처럼 우리가 다른 사람과 고운 사귐을 갖는 것이 생각보다 힘든 일은 아닐 것입니다

논어에 나오는 구절입니다. "기소불욕물시어인(己所不欲勿施於人)." '내가 하고자 하지 않는 바를 남에게 베풀지 말라'는 뜻으로 '자기가 바라지 않는 일은 남에게 하지 않는다'는 말처럼 다른 사람의 자존심을 인정해 주는 것에서 그 실마리를 찾아야 할 것입니다. 나보다 다른 사람을 존귀하게 여기는 자세가 중요할 것입니다.

역지사지(易地思之), 언더스탠드(Understand)입니다. 입장 바꿔서 생각해 보는 것을 '역지사지(易地思之)'라고 합니다. 영어로는 언더스탠드(understand)라고 합니다. 이 말은 'under'와 'stand'가 합쳐져서 된 말입니다. under는 "~아래에, ~밑에"라는 뜻이고, stand는 "어디에 서 있다"라는 말입니다. 그러니까 합쳐서 "~아래나 ~밑에 서 있다"는 말이 됩니다.

그러니까 이 말은 사람 사귐에서 다른 사람보다 밑에 혹은 아래에 서 있다는 것입니다. 그래서 이 말의 뜻이 '이해하다'는 말이 됩니다. 그러니까 다른 사람을 이해하려면 다른 사람 밑에 서 있어야 합니다. 만약 다른 사람을 이해하려면 밑으로 내려가야 됩니다. 아빠가 일하는 학교에서도 선생님들이 학생들을 이해하려면 그 밑에 서 봐야 합니다. 교회에서도 목사님이 교인들을 이해하려면 어떻게 해야 될까요? 그 밑에 서 봐야 합니다. 교회 다니는 사람들이 교회 안 다니는 사람들을 이해하려면 어떻게 해야 할까요? 교회 안 다니는 사람 밑에 서 보아야 합니다.

이렇게 자기를 낮추는 사람이 다른 사람을 이해하는 것입니다. 다른 사람 밑에 서지 않으면 이해를 못 합니다. 오해를 하게 됩니다. 그러니 다른 사람의 자리나 입장에 서 보게 될 때, 겸손이 나오게 됩니다. 겸손이란 자기를 낮추는 사람의 모습입니다. 오늘 제 삶을 돌이켜보며 저를 드러내기보다는 낮추는 자세를 되새겨 봅니다.

대학 시절 은사이신 신영복 선생님의 『감옥으로부터의 사색』에 나오는 이야기입니다. "없는 사람이 살기는 겨울보다 여름이 낫다고 하지만 교도소의 우리들은 없이 살기는 더합니다만 차라리 겨울을 택합니다. 왜냐하면 여름 징역은 자기의 바로 옆 사람을 단지 37도의 열 덩이로만 느끼게 합니다. 이것은 옆 사람의 체온으로 추위를 이겨 나가는 겨울철의 원시적 우정과는 극명한 대조를 이루는 형벌입니다. 자기의 가장 가까이에 있는 사람을 미워한다는 사실, 자기의 가장 가까이에 있는 사람으로부터 미움을 받는다는 사실은 매우 불행한 일입니다. 더욱이 그 미움의 원인이 자신의 고의적인 소행에서 여유된 것이 아니고 자신의 존재 그 자체 때문이라는 사실은 그 불행을 매우 절망적인 것으로 만듭니다. 그러나 무엇보다도 우리 자신을 불행하게 하는 것은 우리가 미워하는 대상이 이성적으로 옳게 파악되지 못하는 말초 감각에 의하여 그릇되게 파악되고 있다는 것, 그리고 그것을 알면서도 증오의 감정과 대상을 바로잡지 못하고 있다는 자기혐오에 있습니다."

역시 선생님의 글은 놀람을 자아내게 합니다. 우리가 쉽게 지나치는 현상 하나하나 속에서 삶의 이치를, 본질을 꿰뚫는 사유방식이 놀랍고 사람에 대한 깊은 애정이 가슴 저미도록 송두리째 마음 가득히 담겨집니다. 한 번 더 읽고 또 읽으면서 깊은 의미를 되새겨 봅니다.

문득 제가 참 좋아하는 도종환 님의 시가 생각납니다. 아마 제가 고등학교 때인가 인상 깊게 본 영화가 <접시꽃 당신>이었습니다. 이 영화는 도종환 시인의 가슴 아픈 사랑을 담아낸 시집 <접시꽃 당신>과 같은 제목의 영화였습니다. 그땐 저도 모르게 가슴이 찢어질 듯한 공감으로 눈시울이 뜨거워졌던 기억이 납니다. 이 영화를 통해서도 잘 알려진 것처럼 도종환 님은 젊은 나이에 혼자되어 두 자녀를 키우면서 막막했던 자신의 삶 속에서 이 시를 쓰게 된 것으로 압니다.

시인들의 시어는 남모를 고통과 때로는 피를 토하는 듯한 아픔의 결정체라는 것, 그래서 시를 읽는 독자들은 감동하고 감탄하고 살면서 힘들 때 위로받곤 하는 것 같습니다. 시인은 열악한 환경에서도 꿋꿋하게 담을 오르며 혼자만이 아닌 옆의 줄기까지 함께 오르는 담쟁이를 보고 용기를 얻었다고 합니다.

담쟁이

도종환

저것은 벽
어쩔 수 없는 벽이라고 우리가 느낄 때

그때
담쟁이는 말없이 그 벽을 오른다.

물 한 방울 없고 씨앗 한 톨 살아남을 수 없는
저것은 절망의 벽이라고 말할 때
담쟁이는 서두르지 않고 앞으로 나아간다.

한 뼘이라도 꼭 여럿이 함께 손을 잡고 올라간다.
푸르게 절망을 다 덮을 때까지

바로 그 절망을 잡고 놓지 않는다.
저것은 넘을 수 없는 벽이라고 고개를 떨구고 있을 때
담쟁이 잎 하나는 담쟁이 잎 수천 개를 이끌고
결국 그 벽을 넘는다.

이 시를 통해, 힘들고 지쳐 쓰러지는 아픔 속에서도 함께해 줄 사람으로 인해 일어서는 힘과 용기를 깨닫게 됩니다. 그리고 참된 어울림을 생각해 봅니다. '벽(壁)'은 집이나 방 따위의 둘레를 막는 수직 건축물입니다. 그 기능은 분명 하나를 둘로 나누고 단절시키는 차가움을 의미합니다. 이 벽은 아무리 강하고 단단해도 생명이 없습니다. 그러나 이 벽을 타고 올라가는 담쟁이는 생명이 있습니다.

생명이 없는 것은 생명의 상대가 되지 못합니다. 바로 이 담쟁이 덩굴은 심장 모양의 잎을 달고 있고 생명이 숨 쉬고 있습니다. 사람 사귐이 서로 담쟁이 잎이 되어 서로 어우러질 때 벽을 허물어뜨릴 것입니다. 이렇게 될 때 우리는 서로가 부둥켜안고 어우러지는 기쁨의 사귐을 이룰 것입니다. '어울리다'는 말을 성경에서는 '친구'로 이해합니다. 친구라는 말을 참 좋아합니다. 나이와 지위와 성별과 신앙 등의 모든 다름을 있는 그대로를 인정하면서도 존중하고 수평적 소통의 사귐을 가질 수 있음이 바로 친구 사귐일 것입니다.

친구는 당연히 어울리는 존재양식입니다. 어울리지 않으면 친구가 될 수 없습니다. 성경을 보면, 예수님은 당시 멸시·천대받던 세리와 죄인하고 어울린다고 비난받았습니다(마태복음 11장 19절). 마음을 열고 자기를 낮추고 한데 어우러지는 대동(大同)의 사귐을 생각해 봅니다. 우리의 가정과 직장과 사회가 한데 어우러지기를 소망해 봅니다.

::바른 교회를 꿈꾸며

우리는 진짜 같은 가짜를 일컬어 '사이비(似而非)', 그런 물건을 '유사품(類似品)'이라고 하여 이런 것에 주의를 기울이고 속지 말라고 강조합니다. 그런데 오늘 우리 기독교가 혹시 이런 모습은 아닌가 하는 생각이 들곤 합니다. 처음 믿음의 순전함을 조금씩 잃어 가는 듯합니다.

우리 기독교가 천박한 자본주의와 속 좁은 유교적 계급주의로 점철된 반기독교적인 경향이 눈에 띕니다. '하나님이냐? 돈이냐?' 하는 질문에, '누구든지 높아지려거든 낮아지라'는 예수님의 말씀 앞에 귀 기울이는가 자문해 보아야만 합니다. 우리가 그저 교회 안에서 우리끼리만 사귐을 갖고 우리의 논리 잣대로만 살아간다면 우리의 허물은, 퇴색해 가는 순전한 믿음은 회복되기 어려울 것입니다. '무감어수 감어인(無鑑於水 鑑於人)'이라는 말을 되새겨 보는 지혜가 필요합니다. 세상 속에서 우리의 모습이 바로 교회의 현주소입니다. 물론 세속의 잣대로 교회를 폄하하고 깎아내리는 몰이해와 독선은 우리가 받아들이기 어려운 측면이 있습니다. 그러나 기본적인 세상 사람들이 보는 상식선에서 우리의 모습이 문제라면 반성해 보아야 할 것입니다.

오늘날 제가 사랑하는 교회를 바라보면 안타까움에 가슴이 미어지곤 합니다. 제가 섬기고 사랑하는 교회를 향해, 제가 목사로서 목사와 교회에 대해 독설을 퍼붓고 싶은 마음은 없습니다. 다만 우리의 모습이 예수님 말씀대로 세상에서 빛과 소금이 되고, 세상을 향해 진실한 실천으로 나가야 함을 늘 되새겨 보기를 바랍니다. 문득 제가 좋아하는 신동엽 님의 시가 떠오릅니다.

껍데기는 가라

신동엽

껍데기는 가라
사월도 알맹이만 남고
껍데기는 가라

껍데기는 가라
동학년 곰나루의 그 아우성만 남고
껍데기는 가라 껍데기는 가라

그리하여 다시
껍데기는 가라
이곳에선 두 가슴과 그곳까지 내논
아사달 아사녀가
중립의 초례청 앞에 서서
부끄럼 빛내며
맞절할지니

껍데기는 가라
한라에서 백두까지

향그러운 흙 가슴만 남고
그 모든 쇠붙이는 가라

오늘 C. S. 루이스의 『순전한 기독교』와 찰스 M. 셸돈의 『예수라면 어떻게 하실까』를 먼지 쌓인 책장에서 꺼내어 봅니다. 제 안에 스며든 속된 가치들과 기독교의 본연의 모습이 아닌 가짜 즉, 껍데기를 떠올려 봅니다. 어느 순간 이러한 것들이 제 영혼을 갉아먹는 줄도 모르고 살아온 것을 깨닫습니다. 주여! 저를 불쌍히 여겨 주소서. 주여! 저희의 교회와 기독교계를 불쌍히 여겨 주소서.

요즘 교회들마다 전도초청잔치나, 총동원주일을 목표로 열심입니다. '전도는 사람이어야 한다'고 보기에 총동원주일로 하는 건 그다지 달가워하지는 않습니다. 그 교회 출석교인이 수백 명인데 이 숫자가 적다고 전도, 전도를 강조합니다. 억지로라도 태신자작정 카드를 공예배 시간에 나누어 주고 작정하도록 하고, 교회 입구에 이 명단을 게시합니다. 헌금액도 적다고 야단입니다. 사실 제가 목사로 월급 받는 것이 없이 교사 월급 받아 헌금하는 입장이라고 더 그런지, 헌금과 전도가 부담스럽습니다. 교회마다 여러 프로그램이 많습니다. 그러니 주중에도 수시로 교회에 가야만 합니다.

어느 목사님의 설교말씀이었습니다. "믿는 사람의 본업이 교회일이고, 직장은 부업이라고." 본업을 위해서 부업은 존재하는 것이라고. 그러면 가정도요……. 설교 전체의 문맥을 고려해야 하지만 이렇게 말씀하심이 우리나라 교회와 선교기관의 리더들이 갖는 마인드인가 싶습니다.

어느 목사님은 목사무오설(牧師無誤說)에 가까운 절대권위 막강

파워, 자기 교회 지상주의, 자기 교파(교단)가 장자(長子)로서 최고……. 이런 의식이 좀 싫습니다. 안타깝게도 교회 재정도 교회 안에서만 쓰이고, 밖으론 제대로 흘러가지 않습니다. 가만히 보면, 소수 대형 교회 목사님들은 특권층이기도 합니다. 세금도 안 내시고, 사택 제공에, 월요일은 휴일이시고, 안식년도 허용되십니다. 사례비도 많습니다. 정년도 만 70세로 제가 알기로 우리나라 직장 중에서 최고로 길 것입니다. 그리고 교인들 결혼, 장례식, 돌잔치, 개업예배 등에 따른 답례도 받으십니다. 이래서 그런가요. 모 신학대학교 신학대학원은 수백 명 모집에 수천 명이 지원을 하는 기현상이 벌어집니다.

하기야 이런 목사님들은 소수입니다. 요즘은 목사들도 서열화되어 있습니다. 학력과 경력에서 웬만한 목사님치고 박사 아닌 분이 없습니다. 목사님 청빙도 시장논리가 지배하는 듯합니다. 교회가 목사님 학력, 경력, 설교 테이프를 받아 보고 이 중에서 후보자를 통보하면 그 교회에 와서 설교를 해 보게 합니다. 그러니 설교가 심사용이니 참, 서글픈 현실입니다. 이래서 그런지요. 요즘 목사님들이 아주 열심히들 가방끈을 늘려 나가느라 열심이십니다. 언젠가 이에 대해 쓴 제 글을 다시금 읽어 보면서 저도 목사로서 씁쓸함을 느껴 봅니다. 다음 글은 그때 글샘을 정리해 본 것입니다.

::목사가 채워 나갈 참된 가치

오늘 우리 기독교계에는 많이 배운 목사들이 많습니다. 대학도 모자라 석사 · 박사학위를 취득합니다. 어느 정도 규모를 갖춘 교회 목사들은 목회학석사는 기본이고, 신학석사 · 선교학석사 · 교육학석사 등 대학원을 여러 군데 나왔고, 박사학위도 갖췄습니다. 하도 많다 보니 어렵다는 석사 · 박사학위 취득이 쉬운 것같이 느껴질 정도입니다.

'박사'라는 개념은 어떤 분야에서 다른 사람의 지도를 받지 않고, 스스로 연구할 만한 자격을 갖추고 있다는 '자격증'의 한 종류를 뜻합니다. 다시 말해서 학문적으로 성숙한 단계에 이르렀다는 증서입니다. 그러므로 '박사'는 그 사람의 학문적 성과와 부수적으로는 인간의 성숙도까지도 인정하는 더없는 명예이고, 한눈팔지 않고 그 분야를 절차탁마(切磋琢磨)하는 데 대한 사회적 평가일 것입니다.

그런데 외국에 잠시 출국했다가 귀국하면 너 나 할 것 없이 '박사학위'를 소지하고 오니 감탄과 의구심을 불러일으킬 수밖에 없습니다. 전적으로 학업에 임한 것도 아닌 바쁜 목회일정 속에서 단지 2~4주, 혹은 6개월 동안 혹은 1년 동안 박사학위를 취득한다는 것은 그 사람의 능력이 탁월하게 뛰어나든가, 아니면 다른 편법이 끼어 있든가, 둘 중의 하나일 것 같은 삐딱한 생각도 듭니다.

목사들 중 더러는 자신의 학위를 자랑하고 싶어서 안달이기도 한 것 같습니다. 기회만 있으면, 아니 기회를 만들어서라도 그 사실을 드러내려 합니다. 아니 기회를 만드는 것 같습니다. 자신의 교회 주보에 학위를 게재하고, 명함에 새기고, 경력사항에 학위를 취득했다고 드러냅니다. 이러한 과시는 자신의 학위가 고품격 상품이라는 인식의 표현일 것입니다. 엘리트주의를 부추기는 학벌과 학력 카르텔은 배타적일 수밖에 없습니다.

학력콤플렉스는 우리 사회에 내밀화된 폭력 현상입니다. 한국교회 설교자들이 목사 가운에 박사학위 문양을 표식(表式)하는 것은 이러한 폭력 구조가 교회를 통해 확대 · 재생산되고 있음을 보여 주는 것 같습니다. 이에 대해서는 미셸 푸코가 현대 형벌 체제의 기원을 탐구하는 과정에서 권력에 의한 폭력의 구조를 잘 드러내 주었습니다. 이러한 학위는 목사 청빙에서도 유리한 조건으로 작용합니다.

가끔 기독교계신문을 보면 이른바 큰 교회의 경우, 목사청빙 지원 자격으로 석사는 기본이고, 박사학위를 요구합니다. 그러다 보니 목사들이 너도나도 석사학위를 취득하고, 박사학위를 취득하려고 안달인가 봅니다. 목사들의 학비는 빠듯한 교회 예산으로 하거나, 사모들이 부업으로 충당합니다. 목사들은 코흘리개 아이들의 헌금과 힘겨운 삶의 현장에서 허리가 휘도록 노동하여 바친 헌금을 아낌없이 비싼 등록금으로 쏟아 붓기도 합니다. 그렇게 해서라도 열심히 공부하면 좋으련만 공부는 뒷전이고, '어떻게 하면 대충 공부하고 학위를 빨리 딸 수 있나' 하는 궁리를 한다는 이야기도 들립니다. 우리나라에는 신학 관련 대학들이 너무도 많습니다. '악어와 악어새'라고나

할까요? 부실한 신학 관련 대학들은 학위를 취득하려는 목사들을 위해 학위를 남발합니다. 그나마 이렇게라도 쉽게 취득하는 학위는 다행입니다.

더욱 안타까운 사실은 목사들의 석사·박사학위의 대부분이 '가짜'라는 사실입니다. 최근에는 우리나라 여러 신학대학에 석사·박사학위 과정이 생겼습니다. 그러나 그 이전에는 불법 혹은 편법으로 석사·박사학위 과정을 운영했습니다. 몇몇 유명 신학대학은 교육과학기술부가 인정한 석사가 아닌 교단 인정이라는 명목으로 법적 인원의 몇 배를 뽑아서 운영했고, 외국의 신학대학원과 연결해서 석사·박사학위 과정을 운영했습니다. 이렇게 운영한 과정은 우리나라 학력으로는 분명 비인가 학위입니다.

그러나 정말 안타까운 현실은 우리나라의 비인가 신학 교육기관과 외국의 정체불명의 신학교육기관이 연계된 과정으로 석·박사가 된 경우들이 많다는 사실입니다. 비싼 외화를 들여 가면서 쉽고 빠르게 취득한 학위를 공공연히 자랑하는 목사들 중 대부분이 가짜 학위라고 합니다. 얼마 전 한 교계신문에서 이를 질타한 기사를 본 적이 있습니다. 교계의 저명한 목사들도 가짜 석사·박사인 경우가 있다고 합니다. 알고 보니 그들이 공부하고 취득했다는 외국 학교는 정체불명이었고, 해당 목사는 미국에 간 적도 없다고 합니다.

학위논문이라는 것도 우리말로 된 것으로, 기본적인 논문작성법도 갖춰지지 않았습니다. 그것도 부목사나 전도사를 시켜 여기저기 남의 논문을 짜깁기하여 쓰게 한 논문이었습니다. 그런데 어이없는 사실은 이렇게 취득한 외제(外製) 석사·박사학위를 가지고 교회에서 버젓이 학위취득 감사예배를 드리고, 축하만찬을 합니다. 그 비용은 교인들이 낸 헌금으로 합니다. 이러다 보니 외국 박사학위를 신고받는 한국연구재단(구 한국학술진흥재단)에서 제일 못 믿는 학위가 목사들의 외국 박사학위라고 합니다.

한국연구재단 자료에 의하면, 2003년 1월부터 2007년 7월까지 외국에서 박사학위를 받고 재단에 신고한 사람은 943개 대학 7765명이었다고 합니다. 그런데 이들 중 비인가 대학에서 박사학위를 받은 사람이 276명에 이르고 이 중 목회학 등 기독교(개신교) 관련 학위를 받은 사람이 140명으로 절반 이상이었다고 합니다. 목회학박사를 영어표기 약자로 'D. Min.'이라고 합니다. 이에 대해 목사들 세계에서는 목회학박사를, 말장난으로 '돈을 디민(D. Min.)' 박사라고 합니다. 그만큼 목회학박사가 돈만 들이면 쉽게 취득이 가능하다는 말일 것입니다.

목사들이 이렇게까지 학력을 중시해야만 하는 것일까요? 설교자 가운을 박사학위 가운으로 하여 강단에 서는 목사들이 많습니다. 대학에서 박사들은 중요한 예식에서만 박사학위 가운을 입거나 아예 안 입는데 목사들은 박사임을 드러내고 싶어 안달인가 봅니다.

보드리야르(J. Baudrillard)는 현대 사회를 '소비의 사회'로 규정하고 소비되는 상품의 가치에 따라 사람의 사회적 지위나 가치도 결정된다고 보았는데, 이러한 산업 회의 상품화 현상이 교회와 설교에도 그대로 유입된 것입니다. 교회는 '박사학위 설교자'라는 상품을 판매하고 청중은 그것을 소비하는 시장의 구조로 재편된 것입니다.

부끄럽게도 저도 우리나라 무인가 신학교와 미국의 신학대학원이 공동 운영한다는 목회학박사학위 과정을 몇 학기 수학한 적이 있습니다. 그런데 공부하다 보니 '이건 아니다' 싶어 그만두고 말았습니다. 등록금은 싸서 좋았지만 교과과정이나 강의수준이 너무나도 허술하였습니다. 이렇게 취득한 학위를 남에게 드러낸다는 것이 양심에 걸렸습니다. 지금 생각해도 어처구니없는 일을 한 것만 같습니다. 저도 모르게 미국 박사라는 타이틀을 갖고 싶은 헛된 생각에 미련한 짓을 하고 말았습니다.

그런데 요즘도 기독교계 신문에서 우리나라에서 쉽고 빠르고 저렴하게 미국 · 캐나다 · 필리핀 등에 있는 신학대학원 석 · 박사 과정을 취득할 수 있다는 광고를 찾아볼 수 있습니다. 이런 경우 대부분 제가 경험한 것처럼 강의수준은 허술하기 짝이 없고, 학비는 국내과정보다 매우 저렴합니다. 쉽게 말해, 대충 싸게 공부하여 외제 석 · 박사가 될 수 있습니다. 꼭 이렇게 외화 낭비를 해 가면서 이런 석 · 박사가 되어야 하나 싶습니다. 오늘 우리의 현실은 넘쳐나는 신학대학원 졸업자들로 교회 부임의 경쟁이 치열합니다. 그러다 보니 석 · 박사를 취득하여 자신의 상품가치를 높이려 하는 현상이 벌어졌습니다. 교회들도 목사 청빙에 석사 · 박사학위 취득을 유리한 조건으로 내세웁니다. 참 씁쓸한 우리의 현실입니다. 우리 목사들이 진정으로 공부를 하려는 것이 아닌, 학력 인플레를 맞아 남보다 더 우수한 경쟁력을 갖추려고 학위를 추구해야만 하는 걸까요.

목사안수는 한 사람의 자연인에게 개신교 성직자로 종교조직에 전념할 수 있다는 의미로 주어지는 것입니다. 그러니 목사라는 직은 두렵고 떨리는 것으로, 목사에게 있어서는 최고의 직함일 것입니다. 더구나 인간이면서도 일반적인 인간 이상의 직무와 태도를 요구하는 '목사'라는 직함은 그 자체에 '세속적인 지위' 이상의 의미가 내포되어 있습니다. 그러기에 목사안수는 함부로 해서도 안 되고, 받아서도 안 되는 것으로, 평생 한 번만 받는 것입니다. 그럼에도 우리나라 목사와 교인들은 세속적이기만 한 직함인 '석사', '박사'와 같은 학위나 직위에 따른 권력과 명예로 자리를 중시합니다.

사실 목사가 갖춰야 할 것은 자신의 상품적 가치를 위한 학력(學歷)이 아니라, 치열하게 성경을 바라보고, 오늘의 현실을 해석해 내는 학력(學力)일 것입니다. 그런 점에서 오늘 우리나라의 목사 재교육 신학교육기관의 학위 과정은 문제가 많습니다. 이름만 신학분야 전문대학원이지, 일반대학의 경영, 교육, 복지, 상담대학원과 다를 바가 없는 것 같습니다. 교과과정을 보면 성경의 깊이를 배우는 교과목이나 신학의 깊이를 튼튼히 갖추도록 하는 조직신학 교과목은 찾아보기 힘들고, 그저 가볍고 단기간에 적용 가능한 프로그램 위주의 교과목이 많습니다.

우리나라의 목사 양성교육과 재교육의 학문적 깊이가 얼마나 가벼운지는 목사들의 설교에서 잘 드러납니다. 성경의 배경사나 2천여 년의 교회사와 깊은 조직신학적 논의의 축적이나 우리 문화에 대한 이해가 없이 그저 가벼운 예화로 치닫는 설교들이 많습니다. 이러한 성경신학과 조직신학의 깊이가 결여된 가벼운 설교에 대한 정용섭 목사님의 설교비평 책이 인상 깊었습니다. 이러한 우리의 현실을 보면서 위르겐 몰트만이 말한 교회의 시장성을 생각해 봅니다. 그는 '시장화된 종교'를 가리켜 복음을 상품으로 만들어 선전하는 것으로 그 내용은 "행복, 성공, 자의식의 메시지"라고 비판했습니다.

실제로 우리나라 개신교의 방송매체는 '시장화된 종교'의 모습을 보여 줍니다. '방송선교헌금'이라는 명목으로 돈을 낼 수 있는 대형 교회의 목사들이 방송을 독점합니다. 소수의 대형 교회 목사들의 메시지는 축복, 성공, 건강이라는 주제로 국한되어 있습니다. 이러한 교회들은 수백억~수천억을 들인 교회당과 화려한 교회 프로그램을 보여 주면서 자기 교회에 올 것을 홍보하고, 돈을 들여 잘 만든 홈페이지를 활용합니다. 대형 교회들은 교회 홈페이지에 담임목사 소개란을 만들어 화려한 학력과 경력으로 교회를 홍보합니다. 이러다 보니 교회 간 정보에 대한 부익부빈익빈 현상이 드러나게 되고, 교회들마다 자본화된 성공지향에 중점을 두게 됩니다.

담임목사들은 자신의 상품성을 높이기 위해 박사학위와 직함에 민감하게 되면서 이에 따른 부작용의 모습이 사회적 문제로 드러나기도 합니다. 진정으로 목사에게 필요한 것은 석사·박사라는 학위가 아닙니다. 우리 목사들이 타는 목마름으로 채워 나가야 할 것은 고품격 상품적 가치로서 학위가 아니라, 치열하게 자기성찰을 해 나가는 신학적 깊이와 우리 문화에 대한 이해 그리고 낮은 곳을 향하는 사랑의 실천일 것입니다.

얼마 전 읽은 책이 생각납니다. 미국 댈러스 신학대학원의 하워드 헨드릭스 교수가 쓴 『멘토링으로 성장하는 법』을 보면서 목사가 추구해야 할 참된 가치 중의 하나로 예수 닮기를 생각해 보았습니다. 그는 태어나기도 전에 부모가 이혼하여 아버지 없는 가정에서 자랐습니다. 그의 아버지와 어머니는 그에게 어떠한 기대나 관심조차 보이지 않았습니다. 그런 그가 10살 정도일 때 일입니다. 그가 혼자서 구슬치기에 한창 열중하고 있을 때, 키가 190센티나 되는 거구의 한 사람이 그에게 다가왔습니다. 그리고 그에게 말했습니다. “교회학교에 다니지 않을래?”

그때 그는 ‘학교’라는 말이 싫어서 고개를 저었습니다. 그러자 그 사람은 다시 물었습니다. "그럼, 나와 같이 구슬치기 할래?" 그 말에 몸서리쳐지도록 외로운 소년인 그는 "물론이죠" 하고 말했습니다. 구슬치기 결과는 그 사람이 언제나 이겼습니다. 매번 구슬치기에서 지면서도 그는 나이 많고 덩치도 큰 사람이 무릎 꿇고 자신과 구슬치기를 하는 것에 마음을 빼앗겼습니다. 그래서 그는 그 사람이 있는 곳이라면 어디든지 가고 싶은 마음이 생겼습니다. 그 사람의 이름은 '월트'로, 교회학교 선생이었습니다. 이날 이후 여러 해 동안 월트는 그의 삶에 깊은 영향을 끼쳤습니다. 월트는 심장이 좋지 않고, 힘든 노동을 하는 처지였지만 매번 그와 그의 친구들과 놀아 주었고, 그들과 함께 온 숲을 뛰어 다니곤 하였습니다. 자주 자신의 집에 초대해서 식사를 나누곤 하였습니다.

하워드는 말했습니다. "월트 선생님은 내게 무조건적인 사랑을 베푼 첫 번째 사람이었습니다." 월트는 가난하고, 부족한 아이들을 진심으로 사랑하며 가르쳤습니다. 하워드는 이어서 말합니다. "월트 선생님은 나에게 있어서 이 땅에 오신 예수님이었습니다. 저뿐 아니라 우리 동네 13명의 아이들에게도 그러했습니다. 아이들 중 9명은 나처럼 결손 가정에서 자랐지만 놀랍게도 그들 중 11명은 훌륭한 목사가 되었고, 다른 아이들도 진실한 사람으로 살아갑니다. 월트 선생님은 교육학을 배운 사람도, 대학을 나온 사람도 아닙니다. 그는 겨우 초등학교밖에 나오지 못했지만 그의 교육은 성공적이었습니다."

그저 자리와 봉급에 연연하지 않고 제 자리에서 우직하게 살고 싶습니다. 그저 가슴이 따뜻한 사람이고 싶습니다.

제2부

사랑하는 가족, 삶의 의미

:: 행복, 그 이름의 근원이여! 소중한 가족

오랜만에 즐거운 휴일을 맞아 깊은 잠에 취했습니다. 어제 새벽 4시를 넘어 잤으니 그럴 만도 하였습니다. 그런데 이런 아빠의 몸과 마음은 아랑곳하지 않는 아들을 어찌해야 하나요? 이거 참, 아기답지 않게 새벽같이 깨어난 우리 아들 겨레가 곤히 잠든 아비의 얼굴을 쓰다듬었습니다. 겨레에게 잠결에 간절히 부탁하였습니다. "겨레야, 아빠 졸려. 잠 좀 자자." 이런 아비의 말은 그저 참고사항일 뿐인지 겨레의 손짓은 그치질 않았습니다. 겨레는 아빠 얼굴을 쓰다듬어도 반응을 보이지 않자, 이제는 그 특유의 머리 잡아당기기 작전에 돌입하였습니다. "아빠야! 좀 일어나서 놀자" 하고 말하는 듯한 아들의 성화에 못 이기는 척 일어나야 하는데 이를 어쩝니까? 몸이 천근만근인 것을. 마음은 수원인데 몸이 따라 주지를 않았습니다. 결국엔 아내에게 구원 요청을 하였는데, 아, 아내가 거절하고 말았습니다. 오늘 사랑이 생일이라 음식 준비해야 한다는 데야 어쩔 수 없었습니다.

할 수 없이 이번엔 사랑이에게 구조요청을 하였습니다. 그런데 아! 그 엄마에 그 딸인가요? 오늘은 사랑이도 거절이었습니다. 자기도 책 보는 중이라 바쁘다나요. 어린 것이 바쁘다고 하는 말을 하니 우습기도 하고, 그러면 저만 한가한 듯하여 할 말도 없었습니다. 아무도 도와주는 이 없는 한가한 휴일 아침 두 손 두 발 다 들고는 일어나야만 하였습니다.

비몽사몽간에 겨레와 놀아 주려니 힘도 들고 흥도 안 났습니다. 눈치 빠른 겨레는 자꾸 성의를 보이라고 칭얼댔습니다. 눈치 대장 겨레가 아비가 대략난감해 하며 무성의한 것을 알아챈 것이었습니다. 이제는 대놓고 아빠 머리 잡아당기고, 발로 차기까지 하였습니다. 최선을 다해 자기랑 놀아줘야 한다고 강력히 주장하는 아들 앞에 늙어가는 이 아비는 어이해야 하나요? 참 겨레가 늙은 아비를 만나 고생이다 싶었습니다. 안 되겠다 싶어 세수를 하고 나서 겨레랑 놀아 주기 시작하였습니다. 겨레가 제일 좋아하는 안아 주기와 번쩍 들었다가 내리기를 거듭하니 좋아서 소리 내어 웃는데 어찌나 귀엽고 사랑스러운지요? 겨우 세 시간도 못 자고 일어난 피로가 싹 가시는 것만 같았습니다. 이래서 아비가 되는가 봅니다. 아직은 겨레를 안아 주고 놀아줄 체력은 되는 것 같아 다행이다 싶기도 하였습니다.

한참을 겨레와 신나게 노는 걸 사랑이가 달려와서는 “아빠! 나도 해 줘. 겨레처럼 나도 안아 줘” 하는데 참, 사랑이의 “겨레처럼 해 줘”라는 말엔 찔림이 있어 꼼짝을 못 하게 되고 맙니다. 사랑이 혼자일 때는 저만 놀아 주다가 겨레가 온 이후 아무래도 겨레가 아기이다 보니 겨레에게 더 신경 쓰고 더 안아 주고 하다 보니 가끔 사랑이가 심리적인 퇴행을 보이기도 하고 시샘을 하기도 합니다. 언제인가는 사랑이가 제게 “아빠! 겨레 다시 온 데로 데려가” 하는 말에 정신이 아득하였습니다. 그 말을 듣는 순간 이거 큰일이다 싶었습니다. 이게 흔히 말하는 둘째 생기면 보이는 첫째 아이의 심리적 반응인가 보구나 싶었습니다. 더욱이 사랑이는 동생 겨레가 공개입양으로 데려온 동생임을 알기에 자신에게만 집중된 사랑의 분산에 저항하는지도 몰랐습니다. 그때 제가 한 말이 있었습니다. "사랑아! 너 겨레 데리고 올 때, 엄마와 아빠와 네가 같이 이야기하고 너도 그러자고 했잖아. 그래서 같이 가서 겨레 데리고 오고. 기억 안 나? 엄마와 아빠가 맘대로 한 게 아니고 너도 같이 결심하고 결정한 거잖아." 이렇게 말하고 나니 꼭 어린아이한테 너무 어른스럽게 말한 것 같아서 다시금 말을 이었습니다.

"사랑아! 미안해. 아빠가 너 사랑하는 거 알지. 이제는 겨레도 사랑해. 겨레는 너도 아는 것처럼 아기잖아. 우리 사랑이는 말도 잘하고 그림도 잘 그리고 춤도 잘 추고 밥도 잘 먹는데 겨레는 아기라서 못 하잖아. 그래서 엄마랑 아빠가 잘 돌봐줘야 하는 거야. 너도 아기였을 때 그랬어. 엄마와 아빠가 너 기저귀 갈아 주고 매일같이 씻겨 주고……. 기억 안 나지? 아빠는 우리 사랑이가 누나로 엄마와 아빠처럼 겨레를 돌봐주면 좋겠다. 엄마랑 아빠랑 사랑이가 다 같이."

제가 제대로 잘 대처한 것인지 잘 모르겠습니다만 다행히 착한 사랑이가 그 후엔 이런 말을 한 번인가 더 하고는 지금까지 안 했습니다. 그렇지만 가끔 "왜, 겨레만 안아 줘", "나도 안아줘", "나도 목마 태워 줘", "나도 뽀뽀해 줘" 하는 말을 하곤 합니다. 그럴 땐 도둑이 제 발 저리듯 사랑이에게도 똑같이 해 주려고 애를 씁니다. 그러고 나면 제 몸은 녹초가 되고 말지요. 요즘은 딱 하나 사랑이 목마 태우는 건 횟수를 줄였습니다. 겨레랑 놀아 주느라 기진맥진 탈진한 몸으로 사랑이를 안아 주는 것까지……. 이제는 사랑이 몸무게로 목마 태우는 건 도저히 무리가 되었습니다. 사랑이에게 목마만큼은 미안하다고 할 수밖에 없는 이 아비의 바닥 치는 체력을 어이하리요. 이렇게 아들과 딸과 놀아 주다 보니 온몸이 탈진 상태인데 그야말로 아비라는 책임감에 따라 정신력으로 놀아 주었습니다. 학교는 쉬는 날인데 집안일은 쉬는 날이 아닌 걸 뼈저리게 느끼는 날이었습니다.

드디어 아침 시간 아내가 정성스레 차려놓은 김밥과 미역국을 대하니 새 힘이 돋는 듯하였습니다. 오늘은 사랑이 생일이니 아빠가 기도해 주라고 하는 아내 말에 순종하였습니다. 가장이 아니라 아내 말, 사랑이의 말, 겨레의 말을 잘 듣는 집안의 '넘버 포(number four)'입니다. 우리 가족은 식탁에 둘러앉아 두 손 모으고는 기도를 드렸습니다. 간절한 마음을 담아 우리 사랑이 생일을 축하하고, 하나님과 사람들에게 칭찬받는 사랑이, 이름처럼 사랑받으면서 사랑하며 살기를, 몸과 마음이, 하나님과의 사귐이, 사람들과의 사귐이 건강하기를 기도하였습니다.

제가 기도를 마칠 때, 온 가족이 마음 모아 "아멘" 하는데 우리 귀여운 핸섬보이 아멘대장인 겨레도 "아멘" 하였습니다. 겨레는 **으레** 식사기도 할 때 손을 모읍니다. 그리고 식사기도 마칠 때도 거의 정확한 시간에 아멘을 합니다. 이럴 땐 어찌나 귀여운지요. 잘했다고 웃어 주고 뽀뽀해 주면 저도 좋아서 또 "아멘" 합니다. 겨레는 "아멘"이란 말을 제일 많이 합니다. 시도 때도 없이 하는 걸 보면 뜻을 모르나 그저 좋은 거라고 생각하는가 봅니다. 그리고 그 다음으로 잘하는 말이 "아빠"입니다. 저만 보면 환하게 웃으면서 앙증맞게 "아빠" 하고 부르는데 꼭 사랑하는 연인이 부르듯이 합니다.

아내는 어쩜 저렇게 사랑하는 여자가 애인에게 부르듯 하는지 모르겠다고 아마도 아빠랑 연애하는가 보다고 놀려대곤 합니다. 그런데 이 말이 놀림이 아니라 부럽다는 말로 들려서 듣기가 좋습니다. 그러고 보면 집안에서 '넘버 포'이지만 모두에게 사랑받는 귀염둥이인가 봅니다. 저를 제일 사랑하는 애인이 겨레이고, 그 다음이 사랑이입니다. 사랑이도 겨레 못지않게 저를 참 좋아합니다. 저만 보면 환하게 웃으면서 안아 달라고 하고 외출할 땐 꼭 제 손을 잡습니다. 자주 하는 말이 "우리 아빠, 최고"입니다.

그러고 보니 아내가 제일 사랑 표현에 둔한 편입니다. 이제 결혼 10년차이다 보니 애정 표현이 좀 무뎌진 듯합니다. 가끔은 제가 출근할 때 뽀뽀도 해 주지만 그 흔한 사랑한다는 말은 거의 안 합니다. 뭐 안아 달라는 것도, 안아 줌도 드물게 된 지 오래고, 자주 야단치곤 합니다. 그나마 요즘은 가끔 출근할 때 안아 주기도 하고, 뽀뽀도 해 주곤 합니다.

말로는 뭐 나이 들어서 쑥스럽게 그러냐고 하지만 사실은 이게 참 좋습니다. 자주 그래 주면 좋으련만……. 그러고 보니 제게 사랑을 표현하는 순위로는 겨레가 1등이고, 그에 버금가는 사랑이가 2등 그리고 아내는 2등과 아주 많이 차이 나는 3등이지요. 아니 꼴등인가요. 그러니 아내는 사랑표현 기능으로는 '넘버 스리'입니다. 이거 시상식이라도 해야 하는 건데요.

든든하게 밥을 잘 먹고 나니 피로도 풀리는 듯하여 좋았습니다. 미진한 글쓰기와 교회 일을 하려고 하는데 이거 참, 사랑이와 겨레도 밥 먹고 나니 힘이 넘치나 봅니다. 오늘은 사랑이가 자기 생일이라고 더 놀아 줘야 한다는데 할 말이 없었습니다. 그동안 논문 쓴다고 학교 일 한다고 대학원 간다고 뺀질거린 아비로선 유구무언일 수밖에요. 그것도 오늘은 사랑이의 생일이고, 지방선거로 쉬는 날이니 도망칠 명분도 없습니다.

사랑이에게 사정을 하였습니다. 미안하지만 오늘 아빠가 좀 바쁘니까 조금만 놀아 주고, 학교 가서 일을 좀 해야 한다고요. 감사하게도 착한 사랑공주님이 은혜를 베풀어 주었습니다. 그럼 한 시간만 놀아 줄 수 있냐고 하여 저도 그건 가능하다고 하였습니다. 그랬더니 사랑이는 온 가족이 소풍을 가야 한다는 새로운 제안을 하였습니다. 소풍이라는 말에 아이고 이거 오늘 과로에 지치겠다 싶었지만 생일 특집이니 어쩔 수 없다는 생각에 각오를 다졌습니다. 제가 풀이 죽은 목소리로 “소풍을 어디로 가면 좋아?” 하고 물으니 예쁜 사랑이 말이 제 가슴에 환한 빛을 비춰 주었습니다.

소풍 장소는 바로 저희 집 옥상이었습니다. 저희 집이 3층이고 바로 위가 옥상이니 아주 가까운 거리입니다. 그렇게 해서 아내가 정성스럽게 장만한 김밥과 간식거리를 싸서는 옥상으로 온 가족이 소풍을 떠났습니다. 옥상에서 돗자리를 깔고는 둘러앉아서 도란도란 이야기꽃을 피우다 보니 이것이 행복이구나 싶은 생각에 마음이 편안해졌습니다. 사랑이도 기분이 좋은지 주절주절 어린이집 이야기와 교회 영아유치부 이야기를 해 주는데 어찌나 재미있던지요.

사랑이는 다행히 저랑은 다르게 이야기를 참 잘합니다. 표정이나 목소리 톤도 강약을 잘 조절하고 말의 속도와 분위기도 조절하는 능력이 탁월합니다. 그러다 보니 사랑이랑 이야기하다 보면 시간 가는 줄 모르고 그 이야기 속으로 빨려 들어가곤 합니다. 이렇게 멋진 딸이 제게서 나온 게 신기하고 놀랍습니다. 피로감에 마음이 편하니 그냥 드러누웠습니다. 푸른 하늘을 바라보니 마음도 상쾌해지는 듯하고, 지나가는 솜사탕 같은 구름을 보면서 윙크도 해 보았습니다. 이렇게 좋은 날에 교회 일로, 글쓰기 일로 혼자 보내야 함이 처량하게 느껴지기도 하였습니다. 한가롭게 누워서 하늘과 구름을 벗 삼아 보내는 한가한 시간이 이렇게 좋은 걸 미처 몰랐습니다. 사랑이와 겨레는 옥상을 운동장 삼아 숨바꼭질 놀이를 하면서 즐거워합니다. 아내는 사랑하는 가족을 위해 준비해 온 토마토를 내놓았습니다. 맛깔스러운 토마토를 포크로 찍어 입에 넣으니 사르르 녹는 게 입맛을 돋우는 듯하였습니다. 그저 멀리 가지 않은 옥상의 소풍이지만 저와 가족은 아주 즐거웠습니다. 행복한 여행이나 소풍은 장소가 중요한 게 아니라 누구와 함께하는가인 것 같습니다.

이렇게 즐거운 한때를 보내고는 이내 아무도 없는 학교로 향했습니다. 어제 늦게 자고 오늘 또 일찍 일어나고 아이들과 놀고 소풍을 즐긴 터라 피곤함과 행복감이 상실됨이 그만 의욕상실로 이어져 도저히 자료를 훑어 볼 엄두조차 안 났습니다. 이거 참, 꼭 해야 하는데 대략 난감한 지경이었습니다. 창밖을 보니 운동장에서 축구를 즐기는 아이들의 모습이 참 행복해 보였습니다. 저도 자리를 박차고 나가서 함께 어우러지고 싶은데 그럴 수도 없으니 참, 흐트러진 마음을 잡고자 애써 자료에 파묻혀 이리저리 정리하기 시작하는데 억지로 하는 것이라 그런지 도저히 진척이 안 되었습니다. 그러다가 휴대전화 울림이 저를 일깨웠습니다. 받아 보니 아내가 우리 오늘 투표 안 했으니 지금 하면 어떻겠냐고 하였습니다. 마침 저도 일의 진척이 잘 안 되는 터라 잘되었다 싶어 그렇게 하기로 하였습니다. 아내와 사랑이와 겨레를 데리고 투표소에 갔습니다.

사실 선거 하면 좀 찜찜하고 삐딱한 생각이 들곤 합니다. 서울 살다가 이곳 전북 지역으로 와 보니 지난 10년간 투표하는 홍이 좀 안 나는 것이었습니다. 이곳은 그저 선거 때마다 정책이나 공약이나 인물을 보고 투표하는 게 아니라 그저 당 이름만 보고는 그냥 투표하는 양상이었습니다. 그러니 선거 결과도 예측대로입니다. 그러다 보니 선거전도 다른 지역에 비해선 치열하지 않습니다. 출마자들도 정식 선거전보다는 그저 당의 공천에 더 혈안이 되는 듯합니다. 하기야 공천이 곧 당선이니까요.

그리고 또 아쉽고 삐딱한 생각은 성숙하지 못한 유권자 의식이었습니다. 제가 외지인이다 보니 후보자를 잘 모르니까 제게 조언 겸 추천 겸 하면서 후보자를 권유하는 분들이 더러 계셨습니다. 그런데 그 말씀들이 참, 대부분이 이런 식이었습니다. "목사님, 후보자가 저랑 같은 학교 출신이에요." "목사님, 후보자가 저랑 같은 고향 사람이에요." "목사님, 후보자가 저랑 가까운 친척이에요." 이건 그야말로 학연, 지연, 혈연으로 투표를 하고 지원하는 것이었습니다. 더욱이 제가 좀 싫어하는 건 후보자가 교인이라는 것, 같은 교단이라는 것이라는 것입니다. 믿는 사람을 찍어 줘야 한다고요. 지난주에도 교회 가는데 선거운동원의 말이 후보자가 어느 교회 장로라는 것을 강조하면서 찍어 달라고 합니다. 이런 모습은 교회에서 쉽게 볼 수 있고, 목사님들과 장로님들도 제게 교인을 찍어 줘야 한다고 강조하십니다. 그러시면서 어느 후보는 종교가 다르니 절대 안 된다고요. 솔직히 이런 미숙한 정치의식에 반대입니다. 꼼꼼하게 후보자의 공약과 정당을 살펴보고 투표에 임해야 하는 건데요. 우리 기독교신앙인들의 모습이 보다 성숙한 모습이 되면 좋으련만…….

오늘 저녁엔 사랑이 생일잔치를 벌였습니다. 사랑이가 직접 고른 예쁜 케이크에 초 7개를 넣고는 생일축하노래를 불러 주었습니다. 아내가 또 제게 생일축하 기도를 해 주라고 하여 또 순종하는 마음으로 간절히 기도하였습니다. 이번에도 겨레는 손 모으고 기도하고는 "아멘" 하였습니다. 살아오면서 생일 축하 그런 거 잘 안 하는데 아내는 꼭 이런 걸 잘 챙깁니다. 연애할 때도 제 생일을 챙겨 주는데 처음엔 어찌나 쑥스럽고 어색한지요. 제가 말은 뭐 이런 거 하지 말라고 난 어색하고 잘 안 해 왔다고 하였지만 내심 기분이 좋았습니다. 아내는 저와 다르게 다정다감합니다. 역시 결혼 잘한 행복한 사람입니다.

생일축하 진치 후 사랑이와 이야기를 나누었습니다. 사랑이에게 말하였습니다. "아빠가 만날 글 쓴다고 책 낸다고 잘 안 놀아 줘서 미안해." 이런 제 말에 사랑이의 대답이 이러했습니다. "아빠, 글 좀 조금만 쓰면 좋겠어." 제가 글 쓴답시고 못 놀아 준 게 미안했는데 역시 사랑이가 이를 못마땅해 한 것 같아 더 미안했습니다. 그런데 사랑이의 다음 말이 눈물겹도록 고마웠습니다. "아빠가 글 쓰느라고 잠도 못 자고 책 보느라고 머리도 아픈 것 같아. 그러다가 우리 아빠 힘들어서 병원 가면 어떻게 해. 좀 조금씩 썼으면 좋겠어." 우와. 이렇게 예쁜 딸이 제 딸입니다. 사랑이는 제 건강 걱정을 해서 그런 것이었으니까요. 그리고 또 사랑이 말이 저를 아주 감동의 도가니로 몰아넣었습니다. "아빠, 난 아빠 글이 너무 글씨만 많고 읽어도 무슨 내용인지 하나도 모르겠어. 아빠가 우리 어린이들이 읽을 수 있게 어린이동화를 써 주면 좋겠어. 그럼 내가 책 그림 다 그려 줄게." 이 말에 저도 약속하였습니다. "그래, 사랑아. 어린이동화는 박사님 되는 공부보다도, 논문 쓰기보다 아주 어려워. 왜냐하면 마음이 어린이처럼 맑고 깨끗해야 하거든. 그리고 글쓰기 연습도 아주 많이 해야 하고, 지금은 못 하고 이담에 꼭 어린이를 위한 동화를 써 볼게. 음, 그러면 글 한승진 그림 한사랑 이렇게 해서 책 내자. 꼭!" 사랑이도 좋다고 하여 저희 부녀는 손가락 걸고 어린이동화를 쓰고 그리기로 약속을 하였습니다. 글쎄요. 제가 어린이 동화를 쓸 수 있을까 싶습니다. 사랑하는 딸과의 약속이니 언젠가는 해야 하는 과제로 기도제목으로 삼고자 합니다.

:: 저는 종이랍니다

요즘 아이들 보느라고 죽을 맛입니다. 중년기에 어린 아이들 셋을 기르려니 체력의 한계를 체감하곤 합니다. 쇠약해진 체력을 정신력으로 버티기엔 넘치는 활력의 소유자 둘째 아들 겨레에게는 무리입니다. 아비의 여건을 이해해 달라고 사정을 해도 아랑곳하지 않습니다. 자기랑 놀아 달라고 떼를 쓰는데 이거 참, 피곤에 지쳐 쓰러진 아비는 어쩌라고……. 침대에 누워 쉬려는 아비의 머리를 잡아당깁니다. 그래도 아비가 응해 주지 않으니 안경을 벗겨서는 집어 던지기에 이릅니다. 이쯤 되면 항복을 할 수밖에 없습니다.

안경 없인 못 사는 처지이니 겨레가 안경을 빼앗으면, 그 다음은 안경의 운명을 예측할 수 없는 지경에 이르게 됨을 잘 압니다. 겨레가 지금보다 더 어렸을 땐, 제 안경다리를 똑 부러뜨린 적도 있습니다. 똘똘이 악동(樂童 – 겨레는 음악을 아주 좋아합니다) 겨레는 아비의 약점을 잘 압니다. 그러니 아비가 안 놀아 주면 비장의 카드로 아비 안경의 소유권을 선점해 버립니다. 그러면 항복할 수밖에 다른 도리가 없습니다. 하는 수없이 물에 젖은 솜이불 같은 몸을 일으켜서는 겨레를 안아 주고 목마 태워 주면서 있는 힘, 없는 힘을 다 모아야만 합니다. 다행히 사랑스러운 첫째 딸 사랑이가 한몫 단단히 해 줍니다. 엄마를 도와서 이제 생후 1달인 셋째 아들 가람이를 돌봐 주다가, 이내 달려와서는 아비를 도우려고 겨레와 같이 놀아 주었습니다.

사랑이는 겨레가 좋아하는 자동차를 가지고 와서는 "겨레야! 빠방!" 이 말에 겨레가 저를 놓아 주었습니다. 요즘 자동차에 빠져듦이 얼마나 고마운지 모릅니다. 길을 가다가도 버스를 보고는 손가락으로 "빠!", 트럭을 보면 "트!" 하고 기차를 보면 "빠앙!" 합니다. 수시로 지나가는 자가용도 일일이 "빠, 빠!"를 해댑니다. 그런데 아쉬운 것은 요 녀석의 집중력이 길어야 10분이라는 사실입니다. 그러니 그 시간이라도 쉼을 얻으려고 재빨리 침대에 누워 한시름 놓았습니다. 언제 겨레 장군님이 종 부리듯 호출할지 모르는 긴장감에 조금이라도 맘 놓고 쉬려고 갖은 애를 다 써 봅니다. 전에는 이불 뒤집어쓰면 못 찾았는데 이제는 이도 소용이 없습니다. 그랬다가는 가차없이 응징을 가해 옵니다.

이거 참, 나이 42에 이제 19개월 아들의 눈치 보며 사는 꼴입니다. 가끔은 사랑이도 겨레만 안아 주지 말고 자기도 해 달라고 시샘을 하곤 합니다. 그러면 겨레와 사랑이를 번갈아 안아 주고 놀아 줘야만 합니다. 그러고 나면 이 몸은 녹다운……. '역시, 아이들 키우는 것도 다 때가 있는 건데……' 하는 생각이 듭니다. '아이들이 늦깎이 아비를 만나 고생이다' 싶어, 미안한 생각도 들었습니다. 아비가 왕성한 체력으로 함께해 주면 좋으련만……. 마음은 간절하지만 몸이 안 따라 주는 걸 어쩔 도리가 없으니……. 그래도 아비가 나이 들었으니 조금은 철이 들어 정신적으로 덜 실수하고, 조금은 마음의 여유를 갖고 사랑으로 대하지 않을까 싶긴 합니다.

하여간 가끔 죽을 맛입니다. 아들 겨레가 아주 장난꾸러기랍니다. 이리저리 돌아다니며 사고뭉치랍니다. 엊그제는 선풍기에 포크를 넣어서 날개를 부러뜨렸습니다. 여기저기 어지르기 대장이랍니다, 요놈이 글쎄, 꼭 새벽에 깨어서는 가족들을 다 깨워댑니다. 매일같이 재우려면 30분은 안아 주고 달래 가며 고생을 해야만 하니, 아주 고역입니다. 이럴 땐 어찌나 얄미운지, 한 대 쥐어박고 싶은데 이도 여의치 않습니다. 겨레는 울보대장으로, 우렁찬 목소리가 아기 성악가입니다. 그러니 울기 시작하면 온 동네가 떠나갈 듯 자지러지곤 하니, 야단도 제대로 못 칩니다. 하기야 이제 겨우 만 1살인 아기가 장난꾸러기인 건 당연할 것입니다. 말도 제대로 못하니, 이것저것 만져보는 게 즐거움인데 이를 못 하게만 할 수는 없을 것 같습니다.

아! 요즘은 가람이도 제 주장을 분명히 해댑니다. 요 예쁜 녀석이 배고픈 건 못 참고 수시로 안아 달라고 울어댑니다. 가끔은 아이들이 시샘하는지 너도 나도 안아 달라고 떼를 써댑니다. 중년기에 접어든 아비는 어쩌라고 이러는지 참……. 낙제점인 체력으로 세 아이를 감당하려니 힘겹습니다. 그래도 버텨 나가는 건 사랑입니다. 가끔 사랑이가 "아빠" 하고 안길 땐, 말로 형언하기 어려운 행복감에 절로 흥에 겹습니다. 겨레도 "아빠" 하는데 어찌나 귀여운지 모릅니다. 우리 가람이도 빨리 커서 "아빠" 하며 반겨 줄 것을 기대하면 웃음이 절로 나옵니다. 아이들의 말 한마디, 웃는 얼굴, 반겨 주는 손짓과 몸짓에 세상 시름을 다 잊곤 합니다. 뭐가 안 풀려서 속상한 세상살이도 모두 다 날려 버릴 수 있습니다.

아이들의 종이랍니다. 그러고 보면 제가 아들 둘을 입양한 게 아니라, 아들들이 저를 아비로 봐주는 것만 같습니다. 그러니 고마운 줄 알고, 성심을 다해 아들들을 섬겨야 합니다. 겨레와 가람이는 마치 제 집에 온 듯, 주인행세를 하면서 저를 막 부려 먹습니다. 이게 참 좋습니다. 누가 감히 목사요, 선생을 이리저리 부려 먹을 수 있을까요. 그런데 요놈들은 시도 때도 없이 마구 부려 먹습니다. 가끔은 제대로 종노릇 못한다고 때리기도 합니다. 이젠 사랑이도 질세라 만날 야단치곤 합니다. 그러니 아내와 사랑이와 겨레와 가람이에게 이리저리 치이고, 야단맞는 종이랍니다. 힘든 삶 속에도 기쁨이 가득함은 가족의 사랑이 있기 때문인가 봅니다. 오늘도 가족을 위해 열심히 살고자 합니다.

오늘 아침 출근길에 보니 날로 푸름을 더해 가는 나무들의 모습이 제 눈길을 사로잡았습니다. 이 나무들은 한여름 밤의 무더위를 이겨내고 새 아침을 맞이한 것입니다. 촉촉이 젖은 아침이슬에 힘찬 날갯짓을 하는 듯한 나무들이 정겨운 친구인 양 보기 좋았습니다. 그러고 보니 저희 집 남자 셋은 혈액형이 다릅니다. 소심남인 제가 A형이고, 터프가이 겨레가 B형이고, 귀염둥이 가람이가 AB형입니다. 어떻게들 커 나갈지도 미지수입니다. 생부(生父)를 모르니 외모, 체형, 학식, 덕망도 모릅니다. 그저 키워 가면서 봐야만 합니다. 천지개벽의 일꾼들인 악동들로 클 듯하여 걱정이 되긴 합니다만, 아이들이 목사 아들이란 고정관념 깨기 대작전에 돌입할 듯하여 기대해 보곤 합니다.

:: 저 푸른 하늘빛을 향해 날아오를 아이들을 꿈꾸며

오늘 어느 분과 이야기를 나누다가 문득 생각해 보았습니다. 자식교육이란 게 뭐가 옳은 것인지? 어린 아이들을 셋이나 키우고, 교육자로 살아가는 사람으로서 교육에 대한 책을 보고 또 보고 고민하고 고민하면서 삽니다만 이에 대한 명확한 대답은 늘 오리무중입니다. 그도 그럴 것이 사람은 규정된 틀에 맞춰진 기계나 훈련에 의해 행동을 규정지을 동물이 아닙니다. 교육의 대상인 사람은 그야말로 백인백색(百人百色)으로 한 사람, 한 사람이 저마다의 빛깔과 향기로 다양한 개성과 매력덩어리인 것 같습니다. 그러니 만고불변의 모든 것에 적용 가능한 교육법이 있을 수 없는 것 같습니다. 아마도 교육학 박사나 교육학의 대가인 교수님들도 자식교육이나 제자교육에 자신 있게 말할 수 있는 경우도 드물지 않나 싶습니다.

어떤 분들이 자식교육에 대해 자랑하시면 딴죽 걸고 싶은 때가 있습니다. 왜냐하면 자랑하시는 이야기를 들으면 부모가 시키는 대로 잘해 준 아이이거나 공부 잘해서 사회적으로 성공한 경우를 말씀하시는 경우가 많은데 이에 대해 좀 다르게 생각하기 때문입니다. 만일 이것이 정답이라면 자식교육에 성공한 부모와 아이들의 숫자는 너무도 적을 수밖에 없다는 생각과 과연 그게 바람직한 것인가 하는 삐딱한 생각이 들어서입니다. 부모 말 잘 듣고 그 뜻대로 사는 아이, 공부 잘하는 모범생 아이가 과연 정신적으로 건강한 삶인가 하는 생각을 해 봅니다. 어쩌면 기성세대의 가치관을 무비판적으로 수용하고 그에 따라 만들어진 사람은 아닌가 싶습니다.

제가 이런 생각을 하는 이유 중의 하나는 제 나름대로 40대 초반에 이르는 삶을 반추해 보면 세상의 변화가 예측불허임을 실감함입니다. 어려서 철저하게 교육받아 온 이념과 신앙과 가치관이 송두리째 흔들리는 경우가 많았습니다. 정말 사회주의 맹주국가인 소련의 해체와 중국의 실용주의 노선, 북한 김일성의 죽음 같은 것은 단 한 번도 생각해 본 적이 없었습니다. 철저한 반공과 정부정책의 맹종을 곧 애국으로 배웠습니다. 그런데 어느 순간 제 머릿속엔 그게 다가 아님을, 제가 잘못 배워 온 것임을 알게 되었습니다. 그로 인해 제게 그런 잘못된 체제순응적인 가치관을 주입하신 선생님들과 책을 쓴 분들에 대해 화가 났습니다. 그러면서 뭐든지 의심해 보고, 비판해 보다 보니 제가 생각해 온 것들과 세상의 모습이 너무도 다른 것이 보였습니다.

다행인 것은 우리가 사는 세상의 다층적인 가치관과 다양한 삶의 방식들이 기본질서에 저항하면서 표출됨이 보였습니다. 정치와 경제와 문화와 교육 심지어 종교영역까지 급속하게 드러났습니다. 그에 따라 저도 자유혼을 불태우는 의식의 폭이 점점 넓어짐을 느낍니다. 아마도 제 아이들이 살아갈 세상은 지금보다도 더 다양하고 새로운 세상일 것입니다. 그런데 제가 구시대적 가치관으로 이렇게 살라고 강요할 수는 없다는 생각이 듭니다. 시각장애인이 시각장애인을 인도하는 것과 같은 것일 수는 없다는 생각이 듭니다. 이런 이유로 아이들에게 뭔가 분명한 방향을 제시하고 그것만을 향해 치닫기를 강요할 수는 없습니다. 물론 저도 아이들에게 사랑, 친절, 성실 등 기본적인 생활습관과 만고불변의 사람됨의 수양을 가르칠 것입니다. 그러나 이것도 그 방향을 의심하면서 비판하면서 자기화하기를 간절히 기대해 볼 것입니다.

언젠가 본 이야기가 생각납니다. 아파치족의 한 추장이 나이가 들어 은퇴를 하게 되어 후임을 정하기 위해 여러 가지 시험을 보았습니다. 체력 · 지혜 · 인품이 출중한 사람을 고르기 위해서 활쏘기도 하고, 말달리기도 하고, 씨름도 하고, 여러 퀴스도 내는 등 많은 시험을 거쳐서 수많은 사람들 중 세 사람만 남았습니다.

추장은 마지막으로 세 사람에게 지시했습니다. "뽀얗게 보이는 저 높은 산정에 올라가서 올라간 증거를 가지고 내려오너라." 세 사람은 길도 없는 험한 산길을 죽기 살기로 올라갔다 내려왔습니다. 한 사람은 산 정상에만 있는 특별한 꽃 한 송이를 꺾어 왔습니다. "이것이 산꼭대기에 있는 꽃입니다." 또 한 사람은 매끈매끈한 돌을 하나 가지고 와서 산 정상까지 올라갔던 증거를 보여 주었습니다. "이것이 산정에 있는 특별한 돌입니다." 그런데 마지막 사람은 아무것도 가져오지 않았습니다. 추장은 그에게 물었습니다 "너는 무슨 증거가 있느냐?" "아무것도 없습니다." 추장이 크게 화를 내면서, 말했습니다. "산정에 올라가라고 했는데 어째서 넌 그냥 내려왔느냐?" 이에 대한 그의 대답입니다. "먼 산 너머 저쪽을 보고 왔습니다. 거기는 아주 아름다운 강이 흐르고 비옥한 땅이 있습니다. 이제 우리는 머지않아 저 산을 넘어 저쪽으로 거주지를 옮겨야 할 것 같습니다. 아주 비옥한 꿈을, 미래를 보고 왔습니다.”

이 말을 들은 추장은 흐뭇하게 웃으면서 이렇게 말했습니다. “네가 다음 추장이다.” 이 이야기는 지금이 아니라, 보다 멀리, 보다 더 먼 미래를 바라볼 줄 알아야 함을 강조하기 위한 것입니다. 나이 든 추장처럼 생각하면서 교육에 임하고 싶습니다. 그리고 제 아이들이 첫째, 둘째 사람들처럼 기존의 것만 바라보면서 그것을 얻고자 최선을 다하는 것이 아니라 세 번째 사람처럼 새로운 것을 바라보는 눈이 있기를 바랍니다.

제 아이들이 리처드 바크의 『갈매기의 꿈』에 나오는 조나단 리빙스턴처럼, ‘송충이는 솔잎을 먹어야 하는 법’이라는 관습의 한계를 넘어 강요된 속박도 있을 수 없는 파란 창공으로 훨훨 날아오르기를 바랍니다. 갈매기 조나단은 그랬습니다. 먹이를 찾기에 바쁘고 짝짓기에 바쁜 그들을 밑에 두고 하늘로 높이 높이 날아올랐습니다. 날개가 떨어져 버릴 것 같은 한계 속도에 도전도 해 보면서 더 높이 날기를 소망했습니다. 높이 오를수록 무리로부터는 떨어졌지만 먼지 하나 없는 파란 하늘과 만났고, 티 없이 맑고 깨끗한 순백의 태양빛을 따갑도록 받았습니다. 이따금씩 허기가 졌고 호흡도 곤란했지만, 높이 오르는 일은 몹시 근사하고 황홀한 일이었습니다. 그저 그런 갈매기들은 살기에 바빠 이 높은 곳의 신비로움을 맛보지 못하는 것이었고, 또 다른 세계가 이곳에 있다는 것을 알지 못했지만 조나단은 높이 나는 새가 되어 새로움을 향해 힘찬 날갯짓을 했습니다.

다른 건 몰라도 강조하고 싶은 것은 하나 있습니다. 이것이 바로 ‘독서’입니다. 책은 자신의 삶을 반추해 보고, 새로움을 추구하는 데 밑거름이 되어 주는 요긴한 자산입니다. 미국의 인기 방송인 오프라

윈프리는 억만장자이지만 많은 기부활동으로 존경받고 있습니다. 잘 알려진 바와 같이 그녀의 어린 시절은 처참했습니다. 그녀는 사생아로 태어난 데다 가족들에게 성폭행까지 당했습니다. 이리저리 버림받고 실패하던 그녀가 찾은 삶의 의미가 독서였습니다. 그로부터 그녀의 인생은 책으로 새로워졌습니다. 독서를 통해 쌓은 풍부한 배경지식과 지혜는 구수한 입담에 보탬이 되었고 여기에 인생의 쓴맛을 본 사람 특유의 진솔함과 낙관적인 삶의 자세가 어우러지면서 재치만점의 공감적 표현력으로 세계 1위의 토크쇼 여왕에 오를 수 있었습니다.

마이크로소프트의 설립자인 빌 게이츠는 아무리 바빠도 매일 1시간씩 책을 읽는다고 합니다. IT업계의 제왕이 된 지금도 그는 독서를 강조합니다. "책을 통해 상상력을 키우고 창조적 아이디어를 얻었다." 이처럼 책을 통해 창조적 지식과 삶의 지혜를 얻기를 바랍니다. 제가 아이들에게 "독서해라", "공부해라", "글쓰기를 해라" 함을 이야기하기보다는 이런 모습을 보여 주려 합니다.

저희 집엔 그 흔한 TV나 에어컨 같은 건 없어도 책은 많은 편입니다. 좁은 집에 여기저기 구입한 책들로 집 안이 어수선합니다. 눈에 쉽게 뜨이는 곳에 책이 산재하다 보니 아이들이 책을 쉽게 접합니다. 저와 아내가 독서하는 모습이 아이들에게도 일상적인 삶으로 보입니다. 말보다는 보여 주기로 교육함이 좋을 듯합니다.

어느 비 오는 날 할머니 한 분이 버스 정류장에서 내리더니 우산도 없이 버스가 떠난 방향으로 걸어가기 시작하였습니다. 버스를 기다리던 한 청년이 뛰어가 우산을 받쳐 드렸습니다.

"할머니 어디까지 가세요?"

"다음 정류장까지 가지요."

"정류장을 잘못 알고 한 정거장 먼저 내리셨나 봐요?"

"아니 그게 아니고 정류장은 잘 내렸지. 내가 버스 안에서 의자에 앉아 있는데 웬 술 취한 젊은이가 탔지. 이리저리 비틀거리며 몸을 못 가누는데도 아무도 자리를 양보해 주질 않잖아. 그래서 내가 목적지에 다 온 체하면서 자리를 내주고 내렸어."

"그럼 그냥 거기에서 기다렸다가 다음 버스를 타지 그러셨어요."

"내가 그냥 서 있는 모습을 보면 차 안에서 그 청년이 무안해할까 봐 이렇게 집으로 가는 척 걷는 거야."

저와 제 아이들이 훈훈한 정으로 살면 좋겠습니다. 기쁜 일이 생기면 어린아이처럼 기뻐하고 슬픈 일이 생기면 눈물을 뚝뚝 흘리며 슬퍼하고 가슴에 늘 파도가 철썩거리는 사람이기를 바랍니다. 말 한마디에도 메아리처럼 마음이 울리고 누군가 잡아 주는 손길 하나에도 따뜻한 온돌방 아랫목에 차가운 손을 집어넣었을 때처럼 감격하며 저녁놀을 바라보면서 한참씩 그냥 서 있기를 바랍니다. 자신을 뽐내지 않는 그저 그런 길가에 곱게 핀 꽃들을 보면서 감탄사를 연발하고 버스 타고 가다가 어르신 보면 양보하면서 혼자 기뻐하고 길거리에서 신음하는 이들의 변죽 울리는 깡통 앞에도 그냥 지나치지 않고 싶습니다. 가슴이 메마르고 감동이 없는 이 척박한 세상에서 이 무덤덤하고 삭막한 사막에서 가슴이 따뜻한 사람이고 싶습니다. 모두 어수룩한 놈이라고 그렇게 해서는 이 경쟁 사회에서 도태되고 낙오되고 손해 본다고 손가락질을 해도 그래도 제 아이들은 쉽게 감동하고 감격하는 마음이 부드러운 사람이기를 바랍니다.

:: 삐자가 좋아요

제 아이들을 보면서 '삐딱함'과 '자유혼'도 떠올려 보곤 합니다. 모범생은 잘돼야 선생이나 공무원 정도밖에 못 할 듯합니다. 그야말로 시키는 것 잘하고, 주어진 과업 수행 잘하는 노예근성의 소유자들입니다. 제가 섬길 제 아이들은 '삐자'이기를 소망해 봅니다(삐딱함과 자유혼).

피자가 아니라 삐자로 사는 아이들로 인해 제가 속 터지고 애를 먹더라도 그게 좋습니다. 그리고 겨레와 가람이는 두 가지 굴레에서 벗어나기를 바랍니다. 목사 아들이라는 것과 입양아 출신이라는 피해의식에 사로잡혀 살지 않기를 바랍니다. 이런 굴레는 재채기하듯이 확 털어내고 속 시원하게 말하고 행동하면서 살기를 바랍니다. 제가 목사라는 게 늘 부담입니다. 거기다가 그에 준하는 선생이라는 것도요.

의도적으로 이를 피하려고 발악에 가까울 정도로 애를 씁니다. 일부러 설교할 기회를 피합니다. 학교 출근할 때, 가급적 양복을 안 입습니다. 그러면서 아이들과 함께 수다 떨면서 놀기를 좋아합니다. 아이들이 저를 만만하게 보는 것이 싫으면서도 좋은 그야말로 양가감

정입니다. 하기야 아이들이 어디 가서 감히 목사님에게 농담하고 놀리고 맞먹을 수 있습니까? 저 때문에 목사 이미지 다 흐려질지 모릅니다만 이게 좋습니다.

언젠가 어느 아이는 저더러 그냥 그저 그런 일 하시는 아저씨인 줄 알았다고 하면서 "목사님, 죄송합니다" 하는데 기분 나쁘지 않았습니다. 오히려 이렇게 말했습니다. "오히려 내가 고맙다. 편하게 봐주니. 그리고 뭘 사과하냐. 네 말이 맞는데……. 결혼하고 아이들이 있으니 아저씨 맞아. 앞으로도 네 맘대로 불러." 제 아이들도 목사 딸과 아들로 안 보이게 흔들리며 피는 꽃이기를 바랍니다. 제 속이 뒤집어져도 정말 그랬으면 좋겠습니다. 제 아이들이 학교와 교회에서 목사, 선생의 자식이라는 선입견으로 바라보면 얼마나 불편할까 하는 생각을 해 봅니다. 이다음에 제 아이들을 그런 시각으로 보지 말기를 소망해봅니다. 저로 인해 제 아이들이 불편, 부담스럽다면 제가 참 미안할 것 같습니다. 참 별종이고, 삐딱이입니다. 이런 편견이 정말 싫습니다.

그런데 안타까운 것은 우리 교회와 교인들이 더 심한 듯합니다. 제가 제대로 이해하지는 못하지만 저와 다르다고 틀린 것으로 정죄의 대상으로 생각하지는 않습니다. 여성 흡연, 동성애, 이혼, 입양, 다문화, 이웃종교인과 교우, 음주와 흡연……. 이런 것들은 사람의 삶에 본질적인 것이 아닌데 지나칠 정도로 민감하게 생각들 하는 것 같습니다. 이런 사람들이 사회에 물의를 일으키거나 반기독교도 아닌데요. 우리 교회와 교인들이 중요하지도 않은 걸로 사람을 괴롭히는 듯합니다. 우리 예수님은 종교적인 제도로 아주 중요하게 여겨지던 안식일도 사람을 위해 있다고 하시고는 굳이 안식일 규정을 어기

시면서 병자를 고치신 분이십니다.

언젠가 본 글에서 인상 깊은 구절이 떠오릅니다. 이는 베르그송의 말입니다. "자유의 반대는 속박이 아니라 관성이다." 맞는 말입니다. 속박은 외부로부터 주어진 것으로 자기 책임이 아니고 자유의지마저 속박하지는 못하기에 속박을 깨뜨리고 결국 벗어날 수 있습니다, 그러나 관성도 외부로부터 온 것이지만 스스로 자기 것으로 합리화시키기 때문에 저항할 수 없는 상태에 이르게 된다는 것입니다. 그러니 속박은 강한 의지로 싸워 나가면 극복할 수 있지만 관성은 치열한 자기성찰과 반성을 통해서만 극복할 수 있습니다. 그러니 우리가 가는 늘 해온 관례화되고, 타성에 젖은 일싱직인 것들 그리고 알게 모르게 몸에 밴 편견이 큰 문제입니다. 이를 극복하려는 냉철한 노력이 필요하다는 생각을 해 봅니다.

어느 분의 이야기입니다. 교회에서 경제적으로 어려운 학생들을 위해 한 달에 얼마만 받고 기숙학사를 운영하는데 거기서 들은 이야기라고 합니다. 얼마 전에 선교단체에 성경공부를 하러 갔는데, 거기 리더가 하얀 종이를 주면서 "자신이 생각하는 모습을 그림으로 표현해 봐라"고 했다고 합니다. 그런데 한 학생이 깨끗함이라 생각해서 그냥 백지 그대로 놔뒀더니 그 리더 분이 "귀찮아서 안 그린 거지?"라고 했답니다. 아직 우리 사회에 편견이 너무 많은 것 같습니다. 사회뿐만이 아니라 교회에서도 마찬가지로 우리 모두가 편견 없는 세상에서 살면 얼마나 좋을까요. 제가 먼저 편견이라는 안경을 벗어야겠습니다.

우리 학교도 중학생인 아이들이 담배를 많이 피웁니다. 그런데 사실 아이들에게 분명하게 "끊어라"라고는 말을 잘 안 합니다. '오죽 마음 상해서 담배를 피우는 건가? 얼마나 호기심이 많은 때인가?' 싶은 생각이 들곤 합니다. 그런데 그런 아이들의 맘을 무시하고 눈에 보이는 담배만 잡으려는 건 기독교교육이 아닌 듯합니다. 그 마음을 어루만져 주는 게 먼저일 듯합니다. 최근 한 아이와 상담하면서 체득한 것입니다. 제가 전에 한 학생으로부터 과제로 받은 "선생님, 저를 위해 기도해 주세요"도 바로 그런 것입니다. 요즘 아이들이 마음 상함의 정도가 심한 듯합니다. 더 안타까움은 선생님들도 이 아이들을 정죄하고 버리는 듯합니다. 학교는 학력신장의 목표점을 향해 더 거세게 치닫고 있습니다. 명색이 기독교학교인데 우리 학교도 이런 현실엔 예외가 아닌 듯하여 안타깝습니다.

가끔요. 아주 가끔요. 학교 그만두고 싶습니다. 제 마음에 아이들에 대한 사랑이 넘쳐나야 하는데 예전만 못한 것 같습니다. 제 역량이 못 미치는 듯하고, 학교 분위기도 평안하지를 못합니다. 그러나 힘내려고 합니다. 저나 아이들이나 학교가 문제가 많으니 더 기도해야 하고 더 제 역할이 필요한 건 아닌가 생각해 봅니다.

:: 가람이를 맞이하면서 다짐해 봅니다

갑작스럽게 가람이를 맞이하게 되었습니다. 두 달 전 즈음 입양하겠다고 신청을 하고 입양이 될 아기 사진도 받고 그에 대한 사항도 들었습니다. 그리고 대략 6월경엔 이 일이 이루어질 것으로 알고 있었습니다. 그러기에 제 나름대로는 이름도 고민하면서 여러 지인 분들에게 좋은 이름을 지어 달라고 부탁도 드렸습니다. 그래도 대략 6월 중순은 넘어서 이루어질 줄만 알았는데 위탁모 분이 많이 아프시니 내일 아침에 바로 아기를 데려가면 좋겠다는 갑작스러운 연락을 받고는 그야말로 우두망찰 그 자체였습니다. 내일 당장 안 하면 다른 위탁모에게 맡기든가 해야 하는 상황이니 대략난감…….

일단 그렇게 하겠다고 했으나 확답은 미뤘습니다. 아내와 이야기를 해야 할 것 같다고 한 발은 뺐습니다. 곧바로 아내에게 연락하니 아내도 당황하여 뭐라 말을 못 하였습니다. 사실 아내는 가을 즈음 겨레가 대소변이나 가린 후를 주장하였고, 아버지도 정히 그러면 내년 즈음 하면 어떻겠냐는 걸 굳이 제가 서둘러서 일을 진행해 왔습니다. 그냥 마음에 감동이 오고 바로 연결된 아이가 하나님이 맺어주신 것이라 믿었습니다. 아직 이름도 제대로 못 정했는데……. 마치 예수님 오시듯 좀 갑작스러웠습니다. 미리미리 잘 준비하고 바로 맞이해야 하는데 그렇지 못하여 성경에 나오는 열 처녀 비유에서 미련한 처녀인 양 마음이 분주했습니다.

아내도 일단 한 발을 빼면서 입양 시기를 자기 말대로 가을 정도로 하자는데 제가 극구 똥고집을 부렸습니다. 위탁모 분이 많이 아픈데 지금 입양 안 하고 미룬다면 아이는 다른 위탁모에게 가거나 고아원이나 해외입양인데 그럴 순 없다고요. 이게 운명이고 숙명이고 하나님의 뜻이라고요. 이 아기가 또 버림받고 환경의 변화를 겪어야 함이 싫다고요. 제발 제 뜻대로 해 달라고요. 결국 제가 강하게 나가니 다들 떨떠름해하면서 허락하였습니다. 아내에게 농까지 던졌습니다. "자기하고 나하고 사랑이가 A형이고, 겨레가 B형이고 이번에 올 우리 아들이 AB형이니 다음에 입양할 땐 O형으로 하자." 이 말에 아내에게 몇 대 맞았습니다.

사랑이에게도 말했습니다. 역시 사랑이는 사랑스러운 말로 아비를 기쁘게 해 주었습니다. 사랑이는 웃으면서 "몰라. 알아서 해" 하는데 그 표정이 밝아서 보기 좋았습니다. 아들의 이름을 고민 고민하다가 그냥 듣기 좋고, 부르기 좋은 흔한 이름으로 한가람으로 하기로 했습니다. 한자로도 더하다 가(加), 넘치다 람(濫)으로 하려고 합니다.

마침 저희 집에 내려와 계신 아버지에게 말씀드리니 아버지도 좀 당황스러워하시면서 시기적으로 너무 빠른 것 아니냐고, 겨레가 대소변이나 가린 후로 내년 아니 가을 정도가 좋을 것 같다고 하셨습니다. 이에는 아내도 같은 의견이었습니다. 하필 어머니는 김제에 아시는 분 만나러 가신 후라 연락을 취했으나 휴대전화가 꺼져 있는 상태였습니다. 지금 입양 안 하면 이 아기는 다른 위탁모에게 맡겨지는 아픔을 겪어야만 하니 내일 아침 바로 아기를 데리고 와야 한다고 강하게 말했습니다.

겨레 때와 마찬가지로 입양 신청할 때, 곧바로 연결된 아기가 하나님의 뜻이라고 받아들이기로 하였기에, 지금 이 아기가 두 달 전에 연락받은 아기이니 우리의 아이라고요. 우리 아이가 지금 위탁모가 많이 아파 빨리 부모 품에 안기고 싶다는데 미룰 수는 없다고요. 제가 하도 우겨대고 강하게 이야기하니 모두가 두 손 두 발 다 들고 말았습니다. 그러고 나서 문자메시지로 내일 아침 바루 아기를 데리러 가겠다고 연락하였습니다.

그런데 사실 아내와 아버지에게는 당당하게 이야기해 놓고는 좀 설레기도 하고, 겁도 났습니다. 제 여건에서 잘 키울 수 있을까 싶었습니다. 그러면서 문득 제가 굳이 여건도 여의치 않으면서 입양을 둘이나 하려는 마음은 뭔가 하는 생각을 해 보았습니다. 그저 목사로 늘 제대로 못 사는 것 같아서 하나님께 덜 부끄럽고 싶어서 그런 건가 싶습니다. 아니면 제가 건강치 못하고 못나게 사니 하나님께 사랑받을 짓을 좀 하면 하나님이 기특하게 여기시어 더 사랑해 주실까 싶기도 합니다. 아니면 제가 자라면서 어머니, 아버지 사랑을 덜 받아서 채워지지 않는 외로움을 못 견뎌서 그런가 봅니다. 지금껏 무엇인가를 자꾸 찾으려고 애를 써 왔습니다. 입양도 그런 건지 모릅니다. 그저 제가 어린 시절 사랑받지 못한 아쉬움을 버림받은 아기를 감싸 안는 사랑으로 만회하려고 하는 건지요.

아무튼 제가 왜 남들 안 하는 입양을 둘이나 하는 건지 잘 모르겠습니다. 제가 뭐 훌륭한 건 절대로 아닙니다. 어떤 이유에선지는 모르나 아이를 잘 기르고 싶습니다. 이로 인해 제게 경제적으로, 체력적으로, 제가 하고자 하는 일에 지장을 받는다고 해도 좋습니다. 아이를 키우면서 느끼는 행복감이 그보다 더 좋은 것이니까요.

잠을 이루지 못하였습니다. 갑자기 '자신 없음'이라는 단어가 제 머리를 짓눌렀습니다. 이 단어가 떠오르더니 제 나이가 떠올랐습니다. 이제 중년기 초입인데 갓난아기를 셋째 아이로 대면하게 되면 잘 키울 수 있을까 하는 염려……. 제 여건으로 이제 교직 정년을 채운다고 해도 아이에게 제대로 대학교육까지 시키는 건 불가능할지 모릅니다. 그리고 남보다 건강치 못한 제 체력으로 이제 세 아이를 키운다는 게 쉽지 않을 것입니다. 게다가 제 경제적인 여건도 그다지 넉넉지 못한 형편입니다. 어찌하다 보니 가진 것보다 빚이 더 많은 처지입니다. 장남으로 부모님 봉양의 부담과 처가 부모님에 대한 부담도 현실입니다. 제 어깨에 짊어진 삶의 무게가 버거울 정도입니다.

오늘 참 잠이 안 왔습니다. 내일 첫 대면입니다. 아비와 아들로……. 어떤 아이일까 싶습니다. 제가 잘 키울지도……. 더 좋은 집에 갈 아이를 가로채는 죄는 안 지어야 하는데요. 심신이 병약한 제가……. 제 나이 마흔둘이니, 이번 아들은 제대로 대학교육도 못 시킬 것 같습니다. 나이차도 많이 납니다. 이담에 제 아들들이 목사 아들이라는 굴레(제가 목사란 굴레로 힘든데요)와 입양아라는 사회적 편견을 안고 살아야 합니다. 제가 버팀목으로, 친구같이 잘 대해 주면서 잘 살아갈지…….

입양은 그야말로 신중하게 생각하고 잘 준비하여 임해야 할 일입니다. 이리저리 잠을 못 이루면서 이 생각, 저 생각에 겨레 때와는 달리 좀 약해지는 마음이었습니다. 제게 이제 입양아가 둘이고, 사랑이까지 양육해야 할 아이가 3명입니다. 제가 영 현실감각이 없는 줄 알았는데 아비로서 책임감에 대한 걱정으로 잠 못 이룬 밤이었습니다. 다음에 책을 내면 사랑하는 한가람에게 주는 선물로 쓰려고 합니다.

사랑하는 딸 사랑이가 간절히 원하는 피아노 학원조차 보내지 못하는 처지입니다. 아내는 휴대전화도 없습니다. 그리고 요즘 학교 아이들의 삐딱한 모습들을 보니, 한 아이도 아닌 세 아이를 사회에 이바지하는 일꾼은 아니더라도 남에게 해를 끼치지는 않을 사람됨으로 키워야 하는데 잘할 수 있을까 하는 생각도 들었습니다. 조금 삐딱하더라도 자유롭게 살기를 바랍니다. 잘 못하지만 제 아이들은 이리저리, 좌충우돌 흔들려 보면서 부딪쳐 가면서 자라기를 바랍니다. 그럴수록 제 마음은 상하고 근심걱정으로 애를 먹겠지만요. 그러려면 가지 많은 나무에 바람 잘 날 없다고. 세 아이를 키우다 보면 이런 저런 일에 치여 살 게 눈에 선합니다.

저도 이제 제가 하고 싶은 의미를 찾아 나가는 중입니다. 치열하게 기독교사회윤리학적인 학술논문도 쓰고, 월간지와 주간 신문에도 글을 연재합니다. 그리고 책을 한두 권 더 내고자 이리저리 출판을 알아보는 중입니다. 내년에 바로 박사학위논문도 끝내서 학위를 취득하고자 합니다. 지금 연재 중인 기독교 윤리이야기도 단행본으로 엮어 내려고 합니다.

이런 일들을 해 나가려면 절대적으로 시간이 필요한데 갓난아기를 돌보는 일에 치여 잘 해낼 수 있을까 싶은 생각도 들었습니다. 나름대로는 매일 글쓰기 연습 삼아, 제 마음을 정돈하고 싶어서 쓰기 시작한 일기도 쉼 없이 계속하고 싶습니다. 잠든 아내를 깨워서는 대략 이런 제 고민을 이야기하고 싶은데 아내는 이제 막 잠들었다고 투덜거리면서 그냥 자라고 합니다. 길고 긴 외로운 밤을 이런저런 생각에 잠겨 잠을 이루지 못하고 말았습니다.

밤잠을 설치고 맞이한 아침, 온몸이 찌뿌듯한 게 마음이 편치 않았습니다. 오늘 아침에 아기를 데리러 가야 하는데 기대하는 마음으로 편안해야 하는데 영 불편한 마음이었습니다. 이제는 돌이킬 수도 없는 상황입니다. 출근하면서 이런저런 상념에 잠겨 길을 걷다가, 가만히 보니 밤새 내린 촉촉한 단비로 온 대지가 촉촉이 젖어듦이 아주 정겹게 느껴졌습니다. 그리고 "짹", "짹" 재잘거리는 참새소리도 제게 잘했다고, 잘하라고 환호성을 하면서 박수를 쳐 주는 것만 같았습니다.

순간 우울한 생각들이 말끔히 씻겨 내려가는 듯한 시원한 느낌에 젖어들 수 있었습니다. 그러면서 이런 생각을 하였습니다. '그래, 뭐 하나님이 알아서 하시겠지. 지금껏 내 생각대로, 내 계획대로 된 일도 별로 없고, 오히려 실수하거나 잘못 선택한 일들이 잘된 경우가 많지 않았으니 이번 일도 잘될 거야.' 이렇게 근심걱정을 그냥 털어내고 보니 기분이 좋아졌습니다. 저도 모르게 참새소리에 맞춰 즐거운 노래를 부르면서 흥얼거리며 학교로 향했습니다. 그러고는 이런저런 일처리를 하고 드디어 아내와 함께 아들을 맞이하러 갔습니다. 아내와 2년 전 겨레를 입양하러 간 길이라서 그런지 가는 길이 익숙하게 느껴졌습니다. 변한 게 하나도 없는 듯한 길과 시설에 마음이 더 편해졌습니다.

도착 후 입양수속을 밟아 나가는 것도 같은 곳에 두 번째 와서 그런지 한결 간소한 듯하였습니다. 드디어 아들과의 첫 대면……. 사진으로만 본 아기가 사무실 소파 위에 가만히 누워 있었습니다. 고요히 잠든 얼굴이 마치 시간이 멈춘 듯 어찌나 편안해 보이는지 참 예뻐 보였습니다. 아기 얼굴은 하루가 다르게 변한다는데 정말 그런 것 같았습니다. 사진 속 얼굴의 윤곽은 보이지만 더 멋지게 자란 듯하고, 잘생긴 얼굴이 그야말로 꽃미남이었습니다. '어쩜, 이렇게 멋진 아들이 내 아들이구나' 하는 생각에 저절로 신이 났습니다.

아기는 참 진실해서 좋습니다. 진심으로 사랑해 주면 아주 좋아합니다. 제 아들 겨레는 저를 엄청 좋아합니다. 마치 사랑하는 연인의 사귐이 이보다 애틋할까 싶을 정도입니다. 일하다가도 문득 아들이 보고 싶어서 저도 모르게 집으로 달려가곤 합니다. 자다가도 문득 눈을 뜨고는 아들을 보곤 합니다. 가만히 앙증맞은 볼과 이마에 뽀뽀를 하곤 합니다.

저희 부부는 성경에 나오는 본토 친척 아비 집을 떠난 믿음의 조상 아브라함처럼 지금 사는 곳에선 친인척 한 사람이 없어, 딱히 의지할 피붙이도 없습니다. 이런 거 저런 거 생각하면 못 할 일입니다. 제게서 어디서 이런 결단이 나오는지 모르겠습니다. 무슨 입양을 취미로 하거나 특기로 함도 아니고, 공명심은 절대로 아닙니다.

아기는 아주 작았습니다. 출생 시 2.03킬로그램으로 태어나 딱 3킬로그램대에 진입한 아주 작은 아기였습니다. 문득 아기 얼굴을 보고는 사랑이 때를 떠올렸습니다. 가녀린 체구에 곤히 잠든 얼굴이 마치 920그램으로 태어나 98일간의 신생아중환자실을 이겨내고 드디어 2킬로그램대로 집에 온 사랑이 모습 그대로였습니다. 이런 생각이 드니 더 정이 가는 아기였습니다.

그러고 보면 우려다짐으로 실행에 옮기기를 잘한 것 같습니다. 기관에서 아기의 배꼽 자른 것과 손과 발 도장 찍은 것을 주었습니다.

하나하나 챙기고 아기의 생부모님에 대한 이야기를 듣고는 드디어 집으로 데리고 왔습니다. 집에 오니 아버지와 어머니와 사랑이 모두가 아기를 보고는 신기하게 여겼습니다. 저도 올망졸망 이목구비를 갖춘 게 어찌나 신기한지 보고 또 보면서 하루를 보냈습니다. 아직 작은 체구를 보시더니 부모님도 꼭 사랑이 때 생각이 나신다고 하셨습니다. 아내는 사랑이 때 사진을 보여 주면서 꼭 닮았다고 하는데 그러고 보니 눈과 코와 입과 이마가 아주 닮아 있었습니다. 언뜻 보면 꼭 여자아기 같다고 하였습니다.

아기를 보는 일이 여간 힘들고 번잡스러운 일이 아님을 잘 압니다. 그것도 친인척 한 사람 없는 곳에서 아내와 제가 7살 사랑이와 3살이지만 이제 19개월째에 접어든 장난꾸러기 겨레와 이제 한 달 지난 가람이를 돌본다는 게 여간 힘든 일이 아닐 것입니다. 앞으로 매일 쓰려고 작정한 일기는 어렵고, 시간 봐서 가능할 때만 쓰려고 합니다. 학술논문도, 수필을 씀도 여의치 않을 것입니다. 지금 하고 싶은 일을 줄여야 하는 '내려놓음'을 요청받고 있습니다. 제 아이들을 위해 제게 주어진 사회적 지위나 역할수행은 부득이 해야만 하지만, 간절히 하고 싶은 것들도 가급적 줄여 나가려 합니다. 글쓰기 작업도 여유를 가지려 합니다. 무리하기보다는 여유롭게 하는 것이 보다 효율적일 것입니다.

오늘 제게는 아이들과 함께 보내는 시간이 더 소중하고 더 긴급하고 중요한 일입니다. 그 이외의 일들은 다음으로 미뤄도 될 것입니다. 지금 목사, 선생의 역할보다는 사랑하는 아내를 위한 남편으로, 아이들을 위한 아비로 살아가는 데 최선을 다할 때입니다. 남모를 사연을 안고 태어난 제 아이들을 위해 더 열심히 사랑하고, 더 열심히 기도해 주는 일이 제게 주어진 사명일 것입니다. 가만히 잠든 아이들의 작은 볼에 제 입술을 대고는 기도합니다. '사랑한다, 사랑아, 겨레야, 가람아.'

아기 보는 게 쉬운 게 아님을 잘 압니다. 대소변 못 가리는 겨레 보기도 어려운데 갓난아기를 또 이른 시기에 데려오겠다고 하는 절 받아 주는 아내도 참 무던하다 싶습니다. 그야말로 저와 아내는 부창부수(夫唱婦隨)도 이 정도입니다. 딸 사랑이도 그렇습니다. 사랑이는 피아노 배우고 싶었는데 7살 된 지금 학원에 못 보냅니다. 동생 키우다 보니, 사교육이란 걸 전혀 못 합니다. 아내가 피아노를 조금 칠 줄 알고 집에 피아노도 있고, 플루트도 조금 불 줄 알지만 딸은 못 가르치겠나 봅니다. 이번에 또 동생이 생기니 영영 피아노를 비롯한 사교육은 못 받을지도 모릅니다. 이제 저도 더 공부하거나 글쓰기 등을 하는 데 제약을 받을 것입니다. 경제적으로나 체력적으로 빈약하여 힘에 겨울 것 같습니다. 나이 들어 아기 안아 주고 목마 태워 주는 게 여간 어려움도 아닙니다. 아기 보는 게 엄청 힘든 노정임을 잘 압니다.

혹시 제 아들들이 자라서, 제 속을 썩일지도 모릅니다만 지금 마음으로는 그게 더 나을지도 모른다는 생각을 합니다. 아이들이야 흔들리면서, 삐딱하면서 크는 게 정상이지요. 마음이 건강한 것입니다. 너무 어른스럽거나 체제 순응적인 아이, 어른스러운 아이보다는 개구쟁이가 더 낫습니다. 범생이는 뭐, 달가워하지 않습니다. 목사 자식, 입양아라는 걸로 눈치 보며, 주눅 들며 살기보다는 삐딱함과 자유혼이 더 낫습니다.

:: 가람의 지혜

헤르만 헤세의 『싯다르타』에 나오는 구절입니다. "그는 강물에게 쉴 새 없이 배웠다. 경청하는 법, 고요한 마음, 기다리는 영혼, 활짝 열린 영혼, 격정도 소원도 판단도 견해도 없이 귀를 기울이는 것을 배웠다." 제가 좋아하는 말 중의 하나가 『노자도덕경』에 나오는 '상선약수(上善若水 - 가장 좋은 것은 물과 같다)'라는 말입니다.

물을 참 좋아합니다. 올해 자리를 옮기다 보니 교무실 개수대 옆이라 참 좋습니다. 시편 말씀대로 하나님인 쉴 만한 물가로 인도하신 것 같습니다. 가끔 흘러가는 강물에 온갖 시름을 흘려보내고 새로운 강물의 흐름에 자신을 일치시켜 보는 것도 좋을 듯합니다. 강은 흘러가 버리는 것 같지만 항상 똑같은 모습대로 그 자리에 존재합니다.

로버트 레드포드 감독의 영화 <흐르는 강물처럼>에서도 강이라는 소재를 통해 인생을 돌아보게 합니다. 이 영화에서 잊지 못할 명대사가 나옵니다.

"우리는 완벽하게는 이해할 수 없는 사람들끼리 살아가지만, 완벽하게 사랑할 수는 있노라. 서로 다른 물방울들은 하나하나 다르게 빛납니다. 그 물방울이 어디서 어떻게 포말로 부서질지도 알 수 없습니다. 그러나 이 모든 것이 함께 강물을 이루며 완벽하게 하나의 소리를 내고 흐릅니다. 강물은 그렇게 물방울들의 완벽한 사랑의 합창이며 과거와 현재와 미래의 완전한 단일성의 구현입니다."

우리가 사는 세상에 대해 세세하게 들여다보고 비판하고 냉정하게 지적하는 것은 위대한 사상가들이나 할 일일 것입니다. 그저 이 세상을 사랑할 수 있는 것, 이 세상을 있는 그대로 바라보면서 부둥켜안고 살고 싶은 마음일 뿐입니다. 이 세상과 저를 경멸하거나 미워하지 않는 것, 이 세상과 저를 사랑하고 감격스러워하며 어쩔 줄 몰라 하고 감탄하며 바라볼 수 있는 것, 오직 이것만을 생각하며 살고 싶을 뿐입니다. 진리도 저 세상만이 아닌 이 세상을 긍정하면서 끊임없이 추구하는 것이라고 생각합니다. 그러기에 우리가 만나고 어우러지는 모든 사귐은 진리를 찾아가는 길에서 만나는 도반(道伴)일 것입니다. 어렵지만 오늘 우리에게 주어진 학교와 가정을 사랑하면서 살아가기를 소망합니다.

그저 작은 샘물이고 싶습니다. 샘물은 작지만 생명력이 있어 좋습니다. 화려하지 않지만 그저 묵묵히 자기 자리를 지켜 가며 주어진 빛깔과 향기를 내는 삶이 좋습니다.

::규율대장 한사랑

오늘도 사랑이에게 야단을 맞았습니다. 아침 출근을 서두르다 보니 세면대에 물을 그냥 틀어놓고는 세수를 하였더니 어김없이 사랑이가 야단을 쳐댔습니다. "아빠, 내가 몇 번을 말해야 돼. 물을 아껴 써야지. 어린이집에서 배웠어. 바가지에 쓸 만큼만 물을 받아서 세수하고 치카해야지. 그렇게 물을 그냥 틀어놓고 하면 어떻게 해. 아빠는 그것도 몰라. 으이그!" 눈물이 쏙 나오도록 야단치는 저희 집 학생부장 선생님의 말씀에 엉겁결에 세면대 물을 끈다는 게 그만 옆에 비누를 바닥에 떨어뜨리고 그 비누가 그만 변기에 들어갔습니다. 변기에 들어간 비누를 보고 든 생각은 이거 또 한 소릴 듣겠다 싶었는데 다행히 제 등 뒤에 서 있던 사랑이가 이를 못 본 모양이었습니다. 순간 안도의 한숨을 내쉬며 슬그머니 변기 속에 손을 넣어 비누를 꺼내고는 세면대 물을 잠갔습니다.

휴, 한 고비 넘기고는 나와서 옷 챙겨 입고 면도를 하는데 아뿔싸! 화장실에 가기 전에 벗어 놓은 안경을 어디에 두었는지 아무리 찾아도 안 보였습니다. 안경 없이는 일상생활 자체가 불가능한 사람이니 참 난감한 비상사태였습니다. 급기야 온 가족이 총동원되어 여기저기 안경을 찾아야만 했습니다. 오죽하면 겨레에게까지 같이 찾아보자고 요청하였습니다. 역시 또 사랑이의 잔소리가 퍼부어졌습니다. "아빠, 화장실 갈 때 식탁에 놓거나 신발장 위에 놓거나 그래야지. 어디다 둔지도 몰라? 아빠 땜에 내가 못 살아!" 사랑이의 잔소리를 들어도 쌉니다. 이런 경우가 비일비재합니다. 안경은 물론이고 지갑, 열쇠, 휴대전화 잃어버리는 게 다반사였습니다. 학교에서 소풍 가서는 휴대전화를 놓고 오는 경우도 한두 번이 아니었습니다. 비 오는 날 외출할 때 챙긴 우산도 비가 오지 않으면 버스에 두고 오는 경우가 태반입니다. 오늘도 딸에게 잔소리를 들으면서도 그저 유구무언일 수밖에 없는 제 신세가 처량하다 싶었습니나.

올해로 결혼한 지 10년입니다. 아내는 저와 결혼 후, 제가 하도 정리를 안 하고 이리저리 어지르기에 민첩하다 보니 만날 잔소리를 해대고 투덜거렸습니다. 그럴 때마다 그 소리가 듣기 싫어 다음부터는 정리를 하겠노라 다짐하고 서약을 하고는 대충 청소를 하였습니다. 그런데 '선천성 어지르기 촉진증'이 있는지 아무리 노력해도 고쳐지지 않습니다. 어디를 가나 어지르기 선수이고 정리를 안 하곤 합니다. 학교 제 책상과 사물함도 자료들과 책들이 이리저리 자유롭게 펼쳐져서 행위예술작품 세계를 떠올리게 합니다. 이를 고치려고 아무리 해도 안 되는 걸 어쩌랴 싶습니다. 몇 번이고 다짐을 하고 지 자신을 책망해도 그때뿐입니다. 이내 제가 머문 곳은 여기저기 속박을 벗어난 독립투쟁의 기념물이었습니다. 이젠 저 자신을 그냥 받아들입니다. 그러고 나니 한결 마음이 편해졌습니다. 그렇다고 어지르기만 하고 반성을 안 하는 것은 아닙니다. 다만 지나치게 저를 괴롭히거나 의식하진 않고 사는 것뿐입니다.

이제는 아내도 제게 지나친 잔소리는 안 합니다. 아내는 지난 10년을 일관성 있게 아무리 말을 하고, 사정을 하고, 협박을 해도 고쳐지지 않는 남편의 난치병 앞에 이제는 그냥 포기하고 데리고 살기로 한 모양입니다. 하기야 그럴수록 본인만 힘들게 됨을 알게 되었으니 다행입니다. 정리불감증인 저를 내쫓지 않고 살아 주니 그저 고마울 뿐입니다. 이런 아내가 고마워서 알아서 기듯이, 가급적 어지르지 않으려고 하고, 청소도 하려는데 아직도 생각처럼 잘되진 않습니다.

아내가 저를 바꿔 보려고 부단히 애를 쓰다가 자신만 속상하고 안 되는 걸 알게 되는 데 걸린 시간이 10년입니다. 그런데 사랑이는 그 시간이 더 필요한지, 어린이집에서 배운 철두철미한 기본생활 습관을 제게 강요합니다. 그렇다고 제가 사랑이에게 정리 안 해도 되는 거라고 가르칠 수도 없는 노릇이니 이거 참, 부모노릇 하기 참 힘듭니다. 아주 잔소리꾼 시어머니가 따로 없습니다. 말하는 것마다 진리의 말이니 사랑이 앞에서 그저 고양이 앞에 쥐가 되고 맙니다. 가만히 보니 아내는 이런 제 모습을 보면서 쾌재를 부르는지 입가에 엷은 미소가 살짝 퍼지는 듯합니다. 속으로 '사랑이 잘한다. 더 잘해라. 사랑아' 하면서 응원하는 것만 같습니다. 문득 제 처지가 두 여인에게 포위되어 꼼짝달싹 못 하는 한 마리 어린 짐승이 아닌가 싶습니다. 누가 이 올가미에서 구해 주려나 싶은데 참으로 고맙고 다행인 것은 바로 제게 지원사격을 가하면서 연합해 주는 멋진 사나이들이 있습니다.

저희 집 꽃미남 겨레는 저를 능가하는 세계적인 어지르기 선수입니다. 만졌다 하면 부러지고 없어지고 지저분해지는데 이게 아주 순간적입니다. 미처 방어할 타이밍을 주지 않는 민첩함과 정확도에 그만 두 손 두 발 다 들 수밖에 없습니다. 사랑이도 겨레에게는 당해낼 재간이 없을 줄 알았는데 그게 아니었습니다. 사랑이는 곧바로 "아, 한겨레, 니 이러면 혼난다"는 말은 잊지 않습니다. 그러나 겨레는 그러거나 말거나 아랑곳하지 않고 꾸준히 어질러댑니다. 이런 사랑이에게 또 한 명의 선수가 몸풀기를 합니다. 바로 셋째 가람이가 저희 집 남자임을 입증하려고 애를 써댑니다. 이제 겨우 생후 2개월이라 아직 저와 형아 겨레의 수준엔 못 미치지만 아주 열심히 어지르기 기능을 발휘하려고 발버둥을 쳐댑니다. 그러니 저희 집 여자 둘이서 남자 셋을 감시 감독하는 건 불가능합니다. 더욱이 겨레와 가람이는 아기들이라는 핑계와 명분을 지녔습니다. 그러나 저희 집 규율대장 사랑이는 끈질기게 저희 세 남자에게 야단입니다. 사랑이에게 장점인지, 단점인지 모르겠는 성향이 하나 있습니다. 이게 바로 포기할 줄 모른다는 것입니다. 그러니 저와 겨레와 가람이는 오늘도 잔소리를 먹고 마시면서 살아야만 합니다. 이다음에 사랑이는 뭇 남자들을 지배하는 알파걸이 되려나 봅니다. 혹시나 하는 희망 하나 꼭 붙잡고 살렵니다. 몇 년만 꾹 참다 보면 사랑이도 아내가 그런 것처럼 이 아비의 선천적인 고질병을 이해하고 포기해 주려나요…….

:: 성격미인, 정신건강미인

오늘도 아내가 교회 워십팀 연습을 가는 바람에 제가 또 아이들을 돌봐야만 하였습니다. 저녁나절에 더운데 집에서만 아이들을 돌보자니 지루하기도 하여 두 아이를 데리고 산책 겸하여 동네 한 바퀴를 돌았습니다. 그러다가 문득 교회 집사님 한 분을 뵈었습니다. 집사님은 제게 다정해 보인다고 덕담을 해 주셨습니다. 그러시면서 사랑이의 인사는 그저 그렇게 받으시고는 겨레를 보시고는 어쩜 이렇게 잘 생겼냐고 침이 마르도록 겨레의 외모를 칭찬하셨습니다. 눈이 크고 피부도 뽀얀 게 이다음에 크면 연예인 되겠다고 하셨습니다. 이렇게 아들의 외모를 칭찬하심에 기분이 좋으면서도 한편에선 좀 찜찜한 기분이 들었습니다. 사실 제가 봐도 저희 겨레는 잘생긴 편입니다. 다들 겨레를 보고는 잘생겼다고들 하십니다. 이목구비도 또렷하고, 잘 웃는 얼굴로 인상도 좋습니다. 저를 안 닮아 잘생긴 아들이 참 좋습니다.

그런데 제가 이렇게 아들의 외모에 대해서 극찬에 마지않는 덕담에 좋게만 듣지 못함은 사실, 얼마 전 아내의 말이 생각나서입니다. "우리 겨레 진짜 잘생겼어. 장동건 닮은 것도 같아. 데리고 다니면 다들 잘생겼대. 그런데 맘에 걸리는 건 사랑이랑 겨레를 같이 데리고 가면 사람들이 사랑이는 안 보고 겨레만 잘생겼다고 하니까 혹시 우리 사랑이가 동생과 비교해서 외모에 대한 열등감을 갖는 건 아닌가 싶어. 사실 우리 사랑이는 객관적으로 볼 때, 아주 예쁜 편이 아니잖아. 귀엽긴 하지만…….” 아내의 말에 퉁명스럽게 대꾸하였습니다. “뭔, 별소리를 다 해. 우리 사랑이가 얼마나 예쁜데. 내가 보기엔 사랑이가 제일 예쁜데. 우리 딸이 어떤 딸인데. 태어날 때 그 어려운 고통을 이겨낸 철의 여인이잖아. 남들이 볼 땐 아주 미인은 아닐지 몰라도 내가 보기엔 우리 사랑이는 성격미인이야. 늘 웃고 늘 남의 장점을 보고 칭찬하잖아. 춤과 노래와 그림 그리기도 좋아하잖아. 동생 겨레도 얼마나 예뻐하는데…….”

제 말에 아내도 웃으면서 “성격미인. 그거 괜찮은 말이네. 맞아. 우리 사랑이는 성격미인이지.” 아내의 말에 저도 모르게 아주 잘 말해 놓고는 오늘 혹시나 하는 생각에 제가 말한 그 별 걱정을 다 하고 있었습니다. 집사님이 겨레의 외모를 극찬하실 때, 기쁨을 만끽하지 못하고는 살짝 사랑이 표정을 읽으려고 애를 썼습니다. 다행히 사랑이는 별 생각이 없는지, 아무런 느낌조차 없는지 예의 방긋 웃는 얼굴 그대로였습니다. 사랑이의 모습에 얼마나 마음이 편안했는지 모릅니다. 그러면서 속으로 사랑이에게 미안했습니다. 제가 참, 별 생각 다 한 꼴이었습니다. 무심결에 제가 한 말대로 사랑이는 성격미인입니다.

제가 보기에 우리 겨레는 분명 잘생긴 얼굴입니다만 그것보다 더 좋은 건 잘 웃고, 음악을 좋아하고 꽃을 좋아하는 예민한 감수성을 지닌 로망의 B형 남자라는 사실입니다. 사랑이는 또 얼마나 매력 덩

어리인데요. 엄마를 닮아서 그런지 못하는 게 없습니다. 그야말로 다재다능합니다. 아주 무대체질입니다. 작년 크리스마스 때와 올해 교회 행사 때도 사랑이는 교회 영아유치부에서 아주 뛰어난 율동으로 온 교인들의 사랑을 받았습니다. 작년에 언젠가는 친구들과 부채춤을 추는데 아주 손짓 하나 표정 하나하나가 섬세한 예술혼이 느껴질 정도로 잘하였습니다. 이걸 교회 노인대학에서도 하고, 담양 삼상교회에서도 선보였습니다. 성구 암송도 작년에 이어 올해도 잘해서 상을 받아 왔습니다. 정말 한 번도 잘해 보라고 한 적이 없습니다. 사실 뭘 하는지도 잘 몰랐습니다. 아비가 이렇게 무심한 건 제가 워낙 내향적이라 무대에 서는 것 자체가 어색하여 잘 안 나서는 편이다 보니 제 딸도 그런 줄 알고 잘 권하지 않았습니다. 그러다 보니 교회나 어린이집에서 사랑이가 뭘 하는지도 잘 모릅니다. 사랑이나 아내가 말해 줘야만 그런 거 하는가 보다 하는 정도입니다. 어느 땐 제 딸이 언제, 어디서 뭘 하는지도 잘 모릅니다. 교회 광고를 보고 알거나 남들에게서 듣곤 하니 참 0점 아빠인가 봅니다. 제가 잘 못하고 별 관심 없다고 딸도 그런 줄 아니까요.

그런데 고마운 것은 사랑이는 누가 시켜서나 자랑하고 싶어서가 아니라 자기가 하고 싶어서 하기에 열정을 쏟고 준비하고 과정에 충실히 임합니다. 그리고 무대에 서면 최선을 다해서 집중합니다. 사랑이는 그저 자기가 하고 싶은 걸 하는 게 좋은가 봅니다. 무슨 상을 받고자 하거나, 남들에게 자랑하려는 것도 아닙니다. 그저 사랑이가 율동하고, 그림 그리고, 성구 암송하는 걸 좋아합니다. 오죽하면 익산대회 수상으로 멀리 전남 광주 대회에 나가고, 담양의 교회 무대에 서는데 엄마와 아빠가 안 따라가도 따라와 달라는 말도 안 하고,

기죽지도 않고 잘하고 왔습니다.

사랑이는 5살 때인가부터 지금껏 무슨 대회에 나가든 엄마와 아빠가 따라가 준 적이 없습니다. 사랑이도 그런가 보다 합니다. 남들은 저희 부부를 이상하게 볼지 모르나 사랑이 스스로 좋아서 하고 싶은 걸 스스로 해 나가기를 바라는 마음에 저희 부부는 그렇게 해 왔습니다. 다행히 그 부모에 그 자식인지 사랑이가 잘 따라 주는 정도가 아니라 더합니다. 아무튼 사랑이는 부모가 기대하니까 잘하려고 하는 게 아니라 그냥 자기가 하고 싶어서 열심히 합니다. 그러면서 연습하는 과정을 즐길 줄 압니다. 사랑이가 겉으로 드러나는 외모로 미인인 것보다는 성격과 인격에서 우러나오는 자기 색깔을 드러내는 매력만점의 미인이기를 바랍니다. 제가 보기에 제 딸 사랑이는 그런 것 같습니다. 사랑이는 매사에 긍정적입니다. 친구들 집에 으레 있는 그 흔한 TV나 자동차도 없는 것에 대해서도 불평 하나 없습니다.

사랑이는 불편하면 불편한 대로 살 줄 알고, 이를 즐길 줄도 압니다. 아마 사랑이가 5살 때인가 교회 행사장을 가는데 버스를 타고 가서는 한참을 걸어가는 고생을 하였습니다. 그러다 문득 사랑이에게 물었습니다. “사랑아, 우리 집에도 텔레비전도 사고, 아빠가 다른 아빠들처럼 차도 사고 그럴까? 그런데 엄마랑 아빠는 그런 거 별로 안 필요해서 안 사는 건데 우리 사랑이가 사자고 하면 한번 생각해 볼게.” 제 물음에 사랑이의 대답은 지금도 잊히지 않고 제 귀에 맴돌곤 합니다. “아빠, 아빠가 차 사고 싶을 때 사. 근데 사기 싫으면 안 사도 돼. 아빠 하고 싶은 대로 해. 우리 집엔 텔레비전이나 차 그런 거 없어도 괜찮아. 차 없어도 아빠랑 이렇게 버스 타고 걸어가면 되잖아. 나는 우리 가족만 있으면 그냥 다 좋아.” 부모도 별종이지만 이건 더한 별종지존입니다.

확신합니다. 늘 웃고 늘 좋은 쪽으로 이야기하고 다른 사람 칭찬하고 가족에 대한 사랑이 가득한 사랑이가 이 시대의 진정한 성격미인, 정신적인 건강미인입니다. 앞으로도 저희 사랑이가 눈에 보이는 외모나 조건과 상황으로 자신을 규정하고 평가하기보다는 참된 가치를 의식하고 자존감을 갖고 살아가기를 바랍니다. 저희 겨레도 외모만이 아니라 내면에서 우러나오는 매력남이 되기를 바랍니다.

저희 사랑이를 보면, 문득 생각나는 이야기가 있습니다. 인생을 바라보는 시각이 긍정적이냐 아니냐를 두고 말할 때 흔히 등장하는 비유가 있습니다. 바로 '유리잔의 물'입니다. 유리잔에 물이 반쯤 있는 것을 보았을 때, 사람들의 반응은 두 가지로 나뉜다고 합니다. "반이나 있다"라고 하는 사람과 "반밖에 없다"라고 여기는 사람으로……. 그리고 이 시각의 차이에 따라 삶의 모습이 어떻게 달라지는지는 명백하게 예측이 됩니다.

저희 사랑이는 어떤 일을 만나든지, 그 일 너머의 하나님의 섭리를 바라보는 긍정적인 시각과 믿음으로 살기를 바랍니다. 긍정적인 사람과 부정적인 사람은 인생의 목표와 그것을 추구하는 방법에 있어 하늘과 땅만큼의 차이가 있습니다. 긍정적인 사람은 스스로 행복해질 권리가 있다고 굳게 믿습니다. 그리고 그렇게 되기 위해서 미래를 기대하며 꿈의 완성을 위해 정진합니다. 반대로 부정적인 사람은 자신이 얼마나 불행해질 수 있는지에 대해 더 많이 생각합니다.

그리고 또 이런 이야기도 있습니다. 외눈을 가진 임금님이 자신의 초상화를 그리기 위해 이름난 화가들을 모두 불러 모았습니다. 임금님은 죽기 전에 자신의 모습을 초상화로 남기기를 원했습니다. 하지만 그의 모습은 흉하게 일그러진 한쪽 눈 때문에 몹시 보기 싫었고, 임금님의 면전에서 초상화를 그려야 하는 화가들에게는 임금님의 그런 외모를 그린다는 것은 몹시 곤욕스러운 일이었습니다.

어떤 영악한 화가는 임금님의 노여움을 사지 않으려고 두 눈을 모두 성하게 그렸고, 그렇지 못한 다른 화가들은 외눈을 있는 그대로 그렸습니다. 그런데 막상 완성된 초상화를 살펴보던 임금님은 화를 내며 버럭 소리를 지르셨습니다. 임금님은 두 눈을 모두 그린 초상화는 거짓된 모습이라 싫었고, 실제의 모습을 담은 초상화는 너무나 보기 흉해서 싫었던 것입니다. "나라에서 가장 이름난 화가들만 불러 모았는데도 내 마음에 드는 초상화 하나 못 그리다니……. 그대들의 그림 솜씨는 분명 형편없음에 틀림없어."

그때였습니다. 젊은 청년 화가 한 명이 선뜻 임금님 앞으로 다가서며 말했습니다. "임금님, 빼어난 외모를 가진 사람이라 해도 반드시 한 가지 단점은 있고 아무리 못생긴 사람이라도 그 사람만의 아름다움이 숨어 있게 마련입니다. 제가 보았던 임금님의 숨은 아름다운 모습을 찾아내려고 했습니다." 그는 임금님 앞에 조심스럽게 그가 그린 초상화를 내밀었습니다. "음, 그래 바로 이것이구나." 임금님은 흐뭇해하며 사뭇 떨리는 목소리로 감탄하였고, 초상화를 들여다보면서 눈물을 글썽거렸습니다. 그것은 임금님의 미소 띤 옆모습을 성한 눈 쪽으로 그린 아주 진지한 모습의 초상화였습니다.

사랑이와 겨레가 살아감에 있어, '과단성'이 있기를 바랍니다. 연암 박지원이 지은 『열하일기』에 「허생전」이 나옵니다. 남산 골짜기 별 볼일 없는 허생이 느닷없이 부잣집에 찾아가 돈 만 냥을 빌려 달라고 했을 때, 부자 변 씨는 두말하지 않고 그 돈을 빌려 주고는 다음과 같이 멋진 말을 합니다.

"그가 비록 남루한 옷을 입었다고는 하나 수치감이나 열등감을 드러내지 않고 당당하게 말을 했으니, 그것은 그가 빚에 몰려서 돈을 꾸러 온 것이 아니라는 증거요. 그런 사람은 미쳤거나 자기 일에 자신만만한 사람이오. 그러나 그의 살아 있는 눈빛과 쩌렁쩌렁한 목소리로 미루어 보건데, 그는 머리가 아주 좋은 특별한 인물이니, 내가 믿을 만하다 여겼소. 나는 돈을 알고 또 사람을 아오. 돈은 사람을 작게 만드는 경우가 많지만, 저런 사람은 큰돈을 만들게 되오. 나는 그저 큰 인물이 큰일을 하게 도울 수 있어서 기쁠 따름이오."

허생은 당당함 하나로 만 냥을 얻었고, 변 씨는 만 냥보다 더 큰 사람을 얻었습니다. 로버트 그린과 주스트 엘퍼스는 『권력을 경영하는 48법칙』에서 역사와 인물을 통해 권력과 리더십의 관계를 분석하며 48가지의 리더십 유형을 제시했습니다. 그중 하나가 바로 제 28법칙으로 '과감하게 행동하라'였습니다. 이 책의 저자들은 대담함과 소심함이 상대로부터 서로 다른 심리적 반응을 끌어 낸다고 하였습니다. 소심함은 자신이 나아가는 길에 스스로 장애를 설치하는 반면, 대담함은 장애를 거둬 낸다고 말했습니다.

제 아이들이 남들의 인정을 받으려는 것에 연연하지 말고 자기 주관을 가지고 당당하게 살아가기를 바랍니다.

::느림의 미학을 일깨워 준 아들 겨레와의 산책

산보(散步)는 느림으로 이루어진 아름다운 창조물입니다. 속도를 지향하는 사람들에게는 속보(速步) 즉, 재빨리 걷는 것이 중요하여 산책의 즐거움이고 지혜를 얻을 수 없습니다.

느릿한 산책을 하는 사람의 발걸음은 하루의 삶을 반추해 보고 내일의 삶을 다짐하는 고운 시간을 만끽하게 만듭니다. 그 길에서 어느 시인은 지나온 길을 가끔 후회한다고 하고, 어느 시인은 사과가 떨어져 천천히 굴러 편안히 눕는 모습에서 생명의 경외감을 느낀다고 합니다. 어느 소설가는 자동차가 아닌 자전거를 타고 여행할 때마다 모든 순간 자신의 온몸으로 떠받치는 무게와 속도를 즐길 수 있다고 말합니다. 어느 목사님도 자전거를 타면서 몸의 좌우 균형을 이루어 가면서 나가는 재미에 취해 보곤 한다고 합니다. 이런 사람들은 자신의 삶을 산보할 줄 아는 사람들이 읽어 낸 느림의 명상들입니다.

속도를 숭배하며 조금이라도 더 빨리 더 멀리 가기 위해 안간힘을 쓰는 요즘, 오히려 느림을 더 절실히 이야기해야 하는지 모릅니다. 어느 시인은 눈이 부시게 푸르른 날엔 그리운 사람을 그리워하자고 권합니다. 하루에 한 번쯤은 바쁜 일상을 뒤로 하고 푸른 하늘을 마음껏 올려다보는 삶의 여유를 가져 보는 것도 좋으련만 바삐 사는 세상살이에, 각박하게 지내느라 그런 여유조차 사치로 느껴진다고들 합니다.

우리 모두 더 빨리 가려고 속도를 갈망하며 무엇에 홀린 듯 제정신이 아니게 살아가는 이유가 사실 따지고 보면, 먼 훗날 언젠가는 여유를 가지고 느리게 살아가기 위해서가 아닌지요. 언젠가 느리게 살기 위해 지금 좀 더 빠르게 좀 더 멀리 가려는 채근거림의 역설 속에서 우리는 살아갑니다. 이게 과연 옳은 것인가요. 문득 밀란 쿤데라의 『느림』을 떠올려 봅니다. 속도의 황홀감을 멈추고, 느림을 즐길 줄 아는 사람만이 자기 인생의 시간을 의식하면서 살 수 있습니다.

아침에 출근하여 빨리 켜지지 않는 컴퓨터에 짜증을 내면서 안절부절 못하곤 합니다. 그런 날은 괜스레 자판을 거칠게 두들김으로 화풀이를 합니다. 서툰 글씨나마 사랑과 정성의 마음 모아 편지를 쓰고, 이에 답장이 오는 시간을 기다리는 설렘에 즐거웠던 시절이 까마득합니다. 요즘은 휴대전화 문자메시지로 오고 가는 속도가 실시간입니다. 이러다 보니 답신이 늦으면 친구를 원망하면서 휴대전화를 만지작거리곤 합니다. 빠른 것이 정상이고, 미덕인 세상입니다. 그러니 느린 것은 비정상이고, 미숙한 인격으로 치부되곤 합니다. 신속, 정확이 인간 됨의 척도인가 봅니다.

문득 빠르고, 정확하기만 한 것이 옳은가 하는 생각이 듭니다. 이렇게 살면 생각이나 명상의 샘물이 고일 새도 없습니다. 삶을 돌아보고 점검하고 다짐하는 참된 나를 찾는 여유조차 없습니다.

밀란 쿤데라의 말대로, 느림의 정도는 기억의 깊이와 같고, 빠름의 강도는 망각의 강도와 같습니다. 느리게 간다는 것은 오래도록 기억하고 기억에 각인된 것은 천천히 이루어진 것입니다. 빨리 다다른 것은 쉽게 잊히고, 쉽게 망각되는 것은 대개 서둘러 이루어진 것들입니다. 오늘 우리의 삶은 '속전속결'로 귀결되는 것 같습니다.

제가 오늘 느림의 미학을 예찬하고 언젠가 읽은 체코 출신의 작가 밀란 쿤데라를 떠올려 보는 것은 오늘 겨레와 함께하는 산책이 주는 깨달음에 의한 것입니다. 감기 기운에 힘들어하던 겨레가 조금은 나은 듯 웃어 주기에 아들과 함께 산책하게 되었습니다. 자주 하는 산책인데 오늘은 겨레에게서 그야말로 느림을 절실히 배우게 되었습니다. 제 딴엔 저도 나름대로 기계와 친하게 지내지 않는 편이라 조금은 디지털시대에 아날로그인으로 살아간다고 생각합니다. 그런데 오늘 강적을 만났습니다. 제 아들 겨레는 이제 나이 세 살이나 만으로는 한 살인 18개월 된 아가입니다. 말이라고는 '아빠', '엄마', '아멘' 정도만 할 줄 압니다. 겨레와 산책하기는 학술논문 쓰는 것보다 더 어렵습니다. 걸음이 얼마나 느린지요. 성급한 이 아비가 기다리지를 못하여 목마를 태워서 걷곤 하였습니다.

그런데 그렇게 걷다가 힘에 부쳐 다시 걸었습니다. 그런데 겨레는 한 발짝 걷다가 신기한 듯 골똘히 쳐다봅니다. 매일 보는 것들이고 사소한 것들이라 눈여겨보지 않은 것을 겨레는 마냥 신기한가 봅니다. 오늘은 하수구를 내려다보면서 아빠를 불렀습니다. 하수구에서 흘러가는 물소리가 신기한지 환하게 웃으면서 손가락으로 가리킵니다. "아빠, 아멘." 제 흥에 겨워 아는 말을 반복하는데 그 모습이 얼마나 귀엽던지 저도 모르게 꼭 안아 주고는 번쩍 들어 안았습니다. 겨레는 아빠인 제가 안아 주고 비행기 태워 주거나 목마 태워 주는 걸 참 좋아합니다. 그런데 겨레가 썩 좋아하질 않았습니다. 온통 시선이 하수구에 집중되고 귓가에 물소리만 들리는지 아빠와 노는 걸 즐기지 않았습니다. 그만 풀이 죽어서 다시 하수구에 내려 주어야만 했습니다. 겨레는 다시금 손가락으로 하수구 속을 가리키면서 이젠 앉기까지 합니다. 저도 그만 포기하고는 옆에 앉아서 겨레가 가리키는 하수구 속을 보았습니다. 아무리 봐도 시커먼 흙탕물이 흘러가는 것으로밖에 보이지 않는데 겨레는 마냥 신기한지 계속 쳐다보며 알아듣지 못할 말로 제게 설명을 하였습니다.

성급한 그 시간을 못 참고는 억지로 겨레를 목마 태워서 집 근처 초등학교로 향했습니다. 오늘 산책은 초등학교 한 바퀴라는 목표를 설정하였기에 이를 꼭 이루려고 한 것이었습니다. 그런데 겨레에겐 그런 목표나 방향은 중요하지 않았나 봅니다. 목마 타고 가다가 힘들어 내려놓으니 이번엔 또 길가에 핀 영산홍에 눈길을 주고는 저를 또 불렀습니다. "곳", "곳" 겨레는 꽃을 참 좋아합니다. 그러데 "꽃"이라고 못 하고는 "곳", "곳"이라고 말합니다.

에고, 이번에도 하는 수 없이 겨레를 위해 그냥 기다려 주기로 하였습니다. 오늘은 큰맘 먹고 조급함을 뒤로 하고 겨레가 하는 걸 따라해 보려고 작정하였습니다.

이런 아비의 마음을 알아 줌인지 오늘 겨레는 아주 신이 났습니다. 그 작은 손으로 꽃을 만져 보고 향기를 맡아 보았습니다. 혹시나 겨레의 작은 손으로도 가녀린 꽃잎을 꺾을 것 같다는 생각에 주의를 주었습니다. "겨레야! 찌찌. 꽃은 그냥 보는 거야. 만지면 꽃이 아야해!" 겨레는 "찌찌"라는 말을 알아듣습니다. 이내 꽃을 만지던 손을 그냥 가까이에서만 꼼지락거리고는 그저 바라만 보았습니다. 그냥 보기만 해도 신이 나는지 겨레의 수다는 쉬지를 않았습니다. 겨레의 설명은 영어도 아니고 방언도 아니고 도무지 알아들을 수가 없는 말이지만 그저 기분이 좋다는 것은 알 수가 있었습니다. 그러다가 꽃 옆에 있는 잔돌들을 발견하고는 손에 잡고는 '좋아라' 꼭 쥐고는 또 싱글벙글하였습니다. 그 작은 손에 쥐여진 잔돌 몇 개가 삐죽 삐져나온 것도 겨레의 분신인 양 귀엽게 보였습니다.

오늘 겨레와의 산책 목표로 설정한 초등학교 가는 것에는 절반도 이루지 못하였지만 마냥 즐거웠습니다. 오늘 매일 스쳐 지나면서 눈길 한 번 제대로 주지 않았던, 그저 대충 보고 지나간 사소한 것들과 친구가 된 듯하였습니다. 왜 묵묵히 제자리를 시켜온 이 친구들을 눈여겨보지 못하고 친구가 되지 못하였을까요. 그에 반해 겨레는 어떻게 이 친구들을 소중히 여기며 이야기하고 제게 자랑할 수 있었을까요. 이게 바로 겨레의 느림이 갖는 아름다움일 것입니다. 겨레는 세상의 모든 것이 신기하고 아름답습니다. 겨레에게는 어디로, 언제까지 무엇을 해야 한다는 강박관념이 없습니다.

그에 반해 늘 뭔가 저 자신을 옭아매는 계획과 목표점을 설정하면서 삽니다. 이를 다른 사람들에게도 요구하고 강요합니다. 학생들에게도 수행평가로 언제까지, 무엇을, 어떻게 해야 하는지를 알리고 이를 지키면 상을 주고, 높은 점수를 주고, 어길 시에는 낮게 평가하고는 야단합니다. 으레 이렇게 살아오다 보니 이제 미덕이 되어 버렸습니다. 오늘 겨레와 산책을 하면서 정작 제가 지향하는 하나님이 주신 생명에 대한 외경이나 생태계 중심의 윤리관이 공허한 메아리였음을 깨달았습니다. 그동안 이런 주제로 논문도 여러 편 쓰고, 글샘도 길어 올리고, 설교도 하고, 아이들에게 강조하며 가르쳐 왔는데 정작 겨레만도 못한 꼴이었습니다.

오늘 겨레는 말도 잘 못하고 잘 걷지도 못하는 아주 작은 사람이지만 느림으로 사소한 것, 작은 것에 집중하며 하나가 되는 황홀경의 경지를 보여 주었습니다. 겨레가 환하게 웃으며 만끽하는 행복감에 부끄러움을 느꼈습니다. 그야말로 겨레가 저보다 영성지수가 훨씬 높음을 실감하였습니다. 오늘 제 아들 겨레에게서 느림이 주는 아름다운 세상 보기를 배웠습니다.

오늘 겨레를 통해 문득 분주한 일상에, 중요한 일에, 급한 일에 마음 빼앗기며 살아가는 삶에 느림으로, 사소함에 집중하여 가만히 바라보며 귀 기울이는 사소함이 얼마나 소중한 마음인지를 느껴 봅니다.

황동규 시인이 노래한 「즐거운 편지」라는 시가 생각납니다. 아마도 겨레가 참 좋아할 시일 것 같습니다.

즐거운 편지

황동규

내 그대를 생각함은 항상 그대가 앉아 있는 배경에서 해가 지고 바람이 부는 일처럼 사소한 일일 것이나 언젠가 그대가 한없이 괴로움 속을 헤매일 때에 오랫동안 전해오던 그 사소함으로 그대를 불러 보리라.

진실로 진실로 내가 그대를 사랑하는 까닭은 내 나의 사랑을 한없이 잇닿은 그 기다림으로 바꾸어 버린 데 있었다. 밤이 들면서 골짜기엔 눈이 퍼붓기 시작하더니 내 사랑도 언제쯤에선 반드시 그칠 것을 믿는다. 다만 그때 내 기다림의 자세를 생각하는 것뿐이다. 그동안에 눈이 그치고 꽃이 피어나고 낙엽이 떨어지고 또 눈이 퍼붓고 할 것을 믿는다.

시인은 '오랫동안 전해 오던 그 사소함'이라는 말로 사소함의 아름다움을 노래하였습니다. 때로는 '기다림의 자세'마저 사소한 것이기에 그리움도, 기대감도 행복일 것입니다. 제가 만나는 모든 사람들에게, 제게 주어진 모든 일에 사소한 배려와 기다림을 가지고 살고 싶습니다.

언젠가 읽은 이재철 목사님의 『아이에게 배우는 아빠』가 생각납니다. 아빠가 아이들과 함께하면서 깨달은 일상의 사소함에 감격해하면서 사랑을 고백하듯 드러난 구절들이 새록새록 느껴졌습니다.

:: 겨레의 스트레스

요즘 겨레를 어떻게 해야 하나 고민입니다. 갑작스럽게 동생 가람이가 집에 오는 바람에 뜻밖의 상황을 맞닥뜨린 겨레가 안쓰럽기도 하고, 이를 잘 대처해야 겨레는 물론 저희 가족 모두가 최상일 듯한데 뭐가 최선이고, 정답인지 모르겠습니다. 그래도 사랑이는 7살이라 말뜻을 다 알아듣기에 가람이를 맞이하려 함을 말했고, 사랑이도 가족의 일원으로 그에 대해 허락하였습니다. 하기야 사랑이는 겨레를 데리고 올 때도 그에 대해 허락을 했고, 입양 신청부터 데려오는 데도 저희 부부와 모든 것을 같이하였습니다.

그런데 겨레는 이제 19개월째로 한창 부모 사랑받으면서 떼를 쓰고 장난칠 때인데 갑작스럽게 동생이 나타난 것입니다. 아내 말이 어느 심리학자가 이런 표현을 했다고 하는데 맞는 것도 같습니다. "갑작스럽게 동생이 생긴 것을 비유하자면, 어느 날 갑자기 남편이 젊은 여자를 데리고 와서는 앞으로 같이 살 거라고 통보하고는 빤히 보는 앞에서 자신보다 그 여자를 더 사랑하고 같이 있는 것과 같다." 이 말이 좀 지나친 것 같긴 한데 가만히 생각하니 그럴 만도 하겠다는 생각이 듭니다.

아무래도 가람이는 이제 생후 40여 일 지난 갓난아기라서 손이 많이 갑니다. 그러니 막내라고 겨레만 예뻐하던 부모가 이제 가람이에게로 온갖 정성을 기울이니 자신은 찬밥신세가 된 것입니다.

저흰 아니지만 겨레가 느끼는 것은 그럴 수도 있습니다. 그야말로 왕자에서 갑작스럽게 거지로 전락한 것입니다. 그러니 부모에게 자기를 더 사랑해 달라고 떼를 쓰고 동생 가람이를 싫어할 수도 있습니다. 아니 이게 더 심해지면 질투심과 경쟁심은 물론 미운 감정이 쌓여 갈 수도 있습니다. 이런저런 생각으로 겨레를 바라보니 참 안쓰럽게 보였습니다. 겨레가 말도 못 하니, 자신의 의사 표현도 못 하고 맞닥뜨린 동생의 출현이 얼마나 스트레스일까 싶었습니다.

출근하고 사랑이도 어린이집에 가고 나면, 집엔 아내와 겨레와 가람이가 함께합니다. 전에는 엄마의 사랑을 독차지하던 겨레가 이젠 그럴 수 없음을 받아들여야만 합니다. 이것이 스스로 원함이 아닌 강요된 현실입니다. 아내는 요 며칠 겨레로 인해 힘들다고 합니다. 가람이만 봐 준다고 옆에서 떼를 쓰고 가람이를 누르거나 톡 치곤 한답니다. 겨레도 가람이가 귀엽고 신기해서 그러는 것이지만 가람이에게는 이게 또 위협적인 두려움일 것입니다. 어제도 겨레가 가람이 귀엽다고 얼굴을 만지는데 그게 강도가 세서 가람이는 자지러지게 울어댔습니다. 이러니 아무래도 겨레가 생후 19개월에 접어든 어린 아기이지만 어린이집에 보내는 게 좋은 건가 싶습니다.

사실 아내는 겨레를 위해서 입양을 해도 내년 초나 아니면 오는 가을쯤을 권유했는데 제가 억지를 부렸고, 입양 기관에서 갑작스럽게 위탁모 분이 많이 아프다고 급히 데려가야 한다기에 겨레에게 미안하게도 가람이가 생각보다 이른 시기에 집에 오게 되었습니다. 날

씨는 더워지고 집엔 이렇다 할 냉방기기도 없습니다. 그러니 점점 겨레의 떼 부림은 극심해질 듯합니다. 그에 따라 아내와 가람이의 스트레스도 심해질 것입니다.

아내에게 겨레를 아무래도 어린이집에 오전이라도 보내자고 하는데 아내는 완강히 안 된다고 합니다. 적어도 여름 지나 가을 정도는 되어야 할 듯하다고……. 저라도 육아휴직이라도 하면 좋으련만 알아보니 이도 여의치 않습니다. 조금 다행인 것은 한 달 후면 방학에 접어듭니다. 그동안 겨레와 아내와 가람이가 겪을 스트레스를 어째야 하나 싶습니다. 요즘 퇴근 후엔 가급적 겨레와 놀아 주고 산책하고 가람이를 안아 주곤 합니다. 이래저래 제 발 저리는 제 모습입니다. 고마운 것은 사랑이가 첫째로서 한몫 단단히 해 줍니다. 엄마와 아빠를 도와주고 겨레랑 놀아 주고 가람이도 돌봐 줍니다. 요즘 사랑이가 더 어른스러워졌습니다. 저도 더 성숙한 아비가 되어야 하는데 좀 더딘가 봅니다.

제3부

젊은 날의 추억

::우리 서로 사랑하자

젊은 날

한승진

젊은 날
우리 서로 사랑하자.
쏟아지는 햇살 가득 해맑은 미소를 머금고
거센 바람이 얼굴에 맞부딪혀도
우리 서로 뜨거운 가슴으로 내일을 이야기하자.

젊은 날
온 세상이 내 것만 같은 날
우리 서로 숨차도록 달려가
으스러지도록 부둥켜 안아보자.

젊은 날
거칠게 밀려오는 파도가 부서지는 포말을 보며
우리 서로 가슴 터지도록 이야기하고 싶은
고운 빛깔 하늘 높이 소리쳐 보자.

젊은 날
내일을 향하여 우리 뛰어가 보자.

아픈 기억을 다 이겨내고 꿈결 가득한 이상을 펼쳐가며,
사랑이라 하여도 부끄럼 없는 젊은 날
우리 서로 흐느끼면서 울며불며 사랑하자.

제가 고등학교 3학년 때, 상록독서회라는 모임에 참여하여 몇 년간 즐거웠습니다. 그때 엇비슷한 또래로 한 10명 가까이 있었고, 그 중 잘 나오는 여학생이 3명으로 모두 고등학교 2학년이었습니다. 이 3명은 모두 우리나라에서 여자상업고등학교(지금은 대부분 이름을 정보산업으로 바꾸었지요)로 제일 우수하다는 서울여자상업고등학교 학생이었습니다. 당시 제가 알기로는 서울여상은 자신의 적성이 상업계열이라서 진학하는 경우도 있지만 공부를 잘하지만 집안 형편이 좀 어려워 가는 학교였습니다.

그때 알게된 연희……. 이 친구는 시를 참 잘 썼습니다. 언젠가 독서회 회지에 실린 이 친구의 시를 보고는 읽고 또 읽으면서 되뇌어 본 기억이 납니다. 어쩌면 그렇게 짧은 글 속에 아름다운 빛깔을 곱게 담아낼 수 있는지 놀라웠습니다. 지금도 그 시에 흠뻑 빠져들었던 기억이 새록새록 납니다. 어느 날엔가 독서회에서 시화전을 할 때, 미선이가 기타를 치면서 노래를 하는데 그 모습이 얼마나 예뻤는지 모릅니다. 사실 미선이의 시와 기타와 노래에 취해 그날로 독서회에 가입하였습니다.

그리고 성미……. 알고 보니 저희와 동갑인데 가정형편상 1년 휴학하여 저희보다 학년이 하나 밑이었습니다. 늘 저와 친구들에게 오빠라고 부르면서 살갑게 대해 주면서 제게 편지와 엽서를 곱게 꾸며서 보내 주었습니다. 어느 날엔가는 제가 성미에게 시를 하나 지어

서 보냈는데 저의 어설픈 시에 답신을 보내 준 글샘이 지금도 어렴풋이 기억이 납니다. 몇 년 동안 지니고 있었는데 다행히 지금도 간직하고 있습니다. 아쉽게도 제가 보낸 시는 복사조차 해 두지 않아 알 수 없지만요.

아, 평범한 듯 고운 마음으로 늘 웃던 수진……. 수진이의 해맑게 웃던 모습이 늘 곱게 느껴졌습니다. 수진이는 제 생일에 제게 커다란 곰 인형과 엘피판을 주었는데 아뿔싸, 저희 집엔 엘피 기계가 없어 한 번도 음악을 듣지 못하였습니다.

그때 고3부터 4년 가까이 교회에서 만난 한 여학생을 좋아하여 가슴앓이를 하였습니다. 그런데 가만히 생각해 보면 그 아이를 좋아한다기보다 안 받아 주니 매달린 듯합니다. 그리고 저 자신이 순수하게 사랑하는 듯하여 좋았습니다. 그때 그 시절 소중한 이 친구들이 있었기에 저의 우울한 젊은 날이 소중한 추억으로 가득하였습니다.

제가 귀동냥한 바로는 연희, 성미 두 친구는 외국 가서 산다는 이야기만 들었습니다. 그리고 수진 이 친구는 제 친구와 결혼했다고 들은 것 같은데 아쉽게도 연락처도 모르고 사니 제 게으름과 무심함을 한탄해 봅니다.

살다 보면 가끔 이 친구들이 생각납니다. 언젠가는 한 번쯤 보고 싶은 고운 사귐의 친구들……. 오늘 문득 오래전 소중한 사귐으로 행복했던 그때 그 시절이 그리워지면서 눈시울이 뜨거워졌습니다. 마치 거부할 수 없는 힘에 이끌리듯 알게 된 벗 님들……. 그들을 고등학교 3학년 때 친구의 소개로 알게 되었습니다. 그날로 늘 푸른 나무가 되었고 우리는 서로가 숲을 이루었습니다. 그곳이 제게 소중한 추억이 가득한 상록독서회였습니다. 참 많은 이야기들이, 추억 가득한 사랑샘이 깃든 곳이었습니다.

어느 날엔가 누군가의 제안으로 타임캡슐을 만들어 소중히 간직하고 싶은 것을 넣어 두고 언젠가 다시 만나서 꺼내 보자던 그 약속도 가물가물합니다. 저의 게으름과 세월의 무상함으로 이제는 어떻게들 지내는지 모릅니다. 그리움에 가슴 아파하면서도 어느 하늘 아래서 고운 빛깔들로 살아가기만을 기도해 봅니다.

어제 문득 그때 받았던 편지들을 꺼내 보고는 하나하나 읽어 보았습니다. 모두가 잠든 고요한 시간에 아련하게 떠오르는 고운 사귐을 되새기다 보니 그만 뜬눈으로 밤을 지새웠습니다. 편지 한 통, 한 통에 사랑이 깃들어 있음을 만끽해 보았습니다. 제게 이토록 아름다운 젊은 날이 있었나 싶은 생각에 그만 눈물이 흘러내렸습니다.

그 당시엔 지금은 흔한 이메일이나 문자메시지가 없어서 연필로, 볼펜으로 정성스럽게 써서는 우편으로 보냈습니다. 그렇게 주고받은 편지들이 추억의 파편들인 양 소중히 남아 있음이 감격스러웠습니다. 잦은 이사와 생활패턴이 변화무쌍한데도 남아 있는 편지 꾸러미는 어머니와 아내가 정성을 다해 보관해 준 덕분이었습니다. 아쉽게도 제가 보낸 편지들을 볼 수는 없습니다. 그렇지만 제가 받은 사랑의 편지들이 있어 다행이다 싶습니다. 이제는 추억으로만 간직해야 할 젊은 날의 사랑…….

이 사랑을 잊지 않고 간직하고 싶어서 추려서 제 글샘에 담아내고자 합니다. 아쉽게도 벗 님들의 허락을 받을 수 없지만 제 소중한 젊은 날을 있는 그대로 간직하고 싶어서 그대로를 담아내고자 합니다. 공개되는 일기마냥 지나치게 개인적인 것들을 제 가슴에 담아내고 공개가 무방할 듯한 것만 추려 봅니다. 그래도 허락을 받고 내는 것이 아니기에 이름은 제가 작명가는 아니나 한번 지어 본 것입니다.

실명(實名)이 아니지만 아마도 당사자들은 '아! 이거 내 편지인데 승진이 오빠가 소중히 간직하였구나' 할 것만 같습니다. 혹시라도 제가 보낸 편지들을 간직하고 있다면 그때 그 시절을 되새겨 보는 것도 될 것만 같습니다.

이 자리를 빌려 저의 사랑, 저의 소중한 벗 님들의 허락 없이 공개하는 어수룩하고 못난 벗을 책망치 말아 주기를 바랍니다. 아니 책망이든, 반가움이든 이 글을 보고 제게 연락해 주기를 소망해 봅니다.

그대를 사랑하는

서정윤

내가 그대를 사랑하는 건
그대의 빛나는 눈만이 아니었습니다.

내가 그대를 사랑하는 건
그대의 따스한 가슴만이 아니었습니다.

가지와 잎, 뿌리까지 모여서
살아있는 '나무'라는 말이 생깁니다.
그대 뒤에 서 있는 우울한 그림자,
쓸쓸한 고통까지 모두 보았기에
나는 그대를 사랑하지 않을 수 없었습니다.

그대는 나에게 전부로 와 닿았습니다.
나는 그대의 아름다움만을 사랑하진 않습니다.
그대가 완벽하게 베풀기만 했다면

나는 그대를 좋은 친구로 대했을 겁니다.

하지만 그대는 나에게
즐겨 할 수 있는 부분을 남겨 두었습니다.
내가 그대에게 무엇이 될 수 있겠기에
나는 그대를 사랑합니다.

성미가 보내 준 편지에서 서정윤 님의 시가 여럿 있었습니다. 성미가 소개하는 시가 참 좋아서 저도 서정윤 님의 시를 좋아하게 되었던 기억이 납니다. 아련한 사랑의 추억을 펼치다 보니 떠오르는 시샘이 가슴을 울립니다. 그리운 벗들의 편지를 펼쳐 보니 그리움만 더 쌓여 가는 듯합니다.

젊은 날의 방황과 설움 그리고 암울한 삶에 한 줄기 빛이 되어 주듯, 막다른 골목에서 맞닥뜨린 마지막 비상구 같은 절실한 기쁨! 설렘! 환희! 우린 서로 잇대어 주는 행복감에 젖어들곤 하였습니다.

그립다, 벗 님들이여. 사랑한다, 벗 님들이여. 보고 싶다, 벗 님들이여…….

:: 연희가 보내 준 편지모음

승진 오빠께

어느덧 교정에 봄맞이가 한창입니다. 바로 다른 이들처럼 이 대지에 불을 지펴야 하겠지요. 열아홉 처녀 가슴 두근두근 오빠도 혹시나 몹쓸 고독의 항아리 속에 빠져 허우적거리고 있는 것이나 아닌지. 그렇다면 누구든 만나 보세요. 바보처럼 혼자라고 생각지 말고. 살아간다고 하는 것은 정말 대단한 용기를 필요로 합니다. 지금 이렇게 이 땅 위에서 호흡하고 있는 우리는 이미 나약한 자는 아닙니다.

오빠를 만나본 지도 꽤 되는군요. 오늘 성혁이 오빠에게서 편지가 왔는데 고3 학년생들 걱정을 많이 하더군요. 우리보고 힘이 되어 주라고. 그러니 힘내세요. 혼자만 차지하지는 말고 오빠가 지닌 용기도 좀 나누어 주는 게 어때요? 오빠의 말처럼 'ㅅ'의 의미를 음미해 봅시다. 호두는 잘 받았는지. 또다시 깨 버리면 나한테 안 물리고는 못 배길걸. 오빠를 소중히 생각하는 다정스러운 친구들이 이렇게 있으니 한번 욕심껏 웃어 보세요.

사랑하는 벗 姸

승진이 오빠.

사뿐히 내리는 비를 맞으며 상견례를 했습니다. 자꾸만 봄으로 가자고 재촉하는 탓에 귀여운 동생들보다는 오빠들 생각만 더욱 나더군요. 왠지 저와 있을 땐 '꺼림칙'하다니(내가 귀신인가 뭐^^). 전혀 생소한 말은 아니었습니다. 사실 제가 여태까지 지녀 왔던 장벽은 너무도 단단한 것이었고 쓸모없는 것이었습니다.

나만의 세계를 고집하여 다른 세계와의 접촉이 두려워졌었고 허점을 드러내고 싶지 않다는 잘못된 오만함을 키워 온 탓인지도 모릅니다. 아주 오랜 세월 동안 거쳐 오면서 언제까지나 그 장벽은 깨뜨려질 수 없으리라 생각했었습니다. 때문에 외로웠고 자학에 빠졌고 퇴보했고 파멸해 가는 나를 느껴야만 했을 때는 세상의 그 어느 초라한 이보다 더욱 헐벗은 것처럼 느껴졌었습니다. 너무나 긴 시간 동안 축적되어 온 습관이어서 그런지 보통의 생활방식 속에는 어울리지 못했고 제게는 그것 또한 지나친 아픔이었습니다. 하지만 세월이란 무섭고도 고맙게 흘러가는군요. 진정으로 속마음을 나눌 수 있는 친구를 갖게 하고 이 세계에 활기차게 뛰어들 수 있는 자신감을 깨우쳐 준 지난날의 순간순간은 비록 괴로웠지만 얼마나 고맙게 느껴지는지 얼마 전까지만 해도 몰랐습니다.

당신들께서 우리를, 아니 나를 얼마나 사랑하시는지 아무런 사랑받을 가치가 없다고 자학하던 나를 사랑해 주는 당신들에게서 참사람과 참진리를 깨달았습니다. '처음엔 하나로 시작된 사랑이 이제는 전부가 되었음을 그대들에게 감사하노라' 또한 소유하지 않는 삶의 경건함을 배웠고 진실을 내보일 수 있는 방법을 배웠고 부끄럽지 않을 용기를 배웠습니다. 거짓 없이, 욕심 없이 기꺼이 내어 줄 수 있는 마음자세를 가지게 된 것 또한 기쁨입니다. 승진 오빠의 말처럼 특정한 대상을 찾으며 했던 감정, 미묘한 죄책감들, 혹은 시기함이 저희에게도 없었던 것은 아닙니다. 허나 지금은 우리 모두 하나가 되었음에 기쁩니다.

모든 걸 덤덤히 받아들일 수 있는 시기가 온 것인지. 그런데 요즘은 괜스레 허전해집니다. 계절 탓이리라 생각을 해 봅니다만 마음 한구석이 찬바람이 일듯 허전해지는 것은 이유가 무얼까요. 하지만 곧 이겨낼 수 있겠죠. 사실 전 남에게 편지를 쓴다고 하거나 혹은 사진을 찍는다거나 하는 데에는 상당히 의식적으로 피해 왔습니다. 생각해 보면 그리 숨겨진 생활을 하는 편이 결코 아닌데도 불구하고 내 것을 보인다고 하는 일이 그렇게 두려울 수가 없었습니다.

허나 오빠의 편지 속에서 금방이라도 살아서 들릴 듯한 '연희야'라는 정감 있는 언어들이 저를 변신하도록 했나 봅니다. 이제는 가릴 거도 가려질 것도, 감출 것도 없는 우리들의 우정이 그토록 깊어진 탓일까요? 언젠가는 당신들도 절대적 이성을 찾아갈 때가 있겠지만 그러한 것으로 인하여 우리들의 우정이 중단되는 일은 없었으면 좋겠습니다. 자그마한 것이라도 주고받으며 믿음을 키우는 영원한 상록인이길 원합니다. 어떠한 부담감도 갖지 않는 진실한 자세로 공부하시기를 원합니다. 언제나 생각나면 편지 띄워 주시기를…….

1988년 3월 14일 밤

졸린 눈을 비비면서 여언- 희기 씀

승진 오빠께

시골엔 잘 다녀오셨는지 모르겠군요. 아, 이놈의 보충수업. 정말 짜증나지만 여태까지의 나태하고 게을렀던 생활들을 정리해 보려고 열심히 하고 있습니다. 오빠가 가진 열등감만큼이나 저도 상당한 콤플렉스에 시달립니다. 잠잠하다가도 이따금씩 솟아올라 동요를 일으키고 삭이고 삭이려다가는 비뚤어져 속이 온통 뒤집어 버릴 것 같은 절망감을 느낄 때가 있습니다. 하지만 어려움은 극복하라고 있는 게 아니던가요. 자꾸만 마음을 다지고 다져 가고 있습니다. 오늘도 무척 힘든 날이었지만 정신은 맑아져만 갑니다.

요즘 성미와 아르바이트를 하고 있습니다. 니트웨어 회사에서(공장이라 불러야 할 것 같군요) 완성된 옷을 비닐에 넣어 포장을 하고 실밥을 뜯고 이것저것 잔심부름 등. 어제는 종일 서서 했기 때문에 골반에 손도 못 댈 만큼 아팠지만 오늘은 좀 덜했습니다. 많은 걸 배워 갑니다. 돈 벌기가 이렇게 어렵다는 걸. 산다는 게 이렇듯 어렵다는 걸. 육순이 다 되신 할머니께서 쪽가위를 들고 실밥을 뜯는 모습을, 중학교를 갓 졸업하고 고등학교 진학은 포기한 채 명랑하게 일하고 있던 어린 소녀의 모습을, 아주머니들의 미싱 돌리는 모습을, 그 모습들을 바라보며 부끄러워졌습니다.

그네들보다 좋은 환경에 있기 때문에 행복하다는 그래서 더 열심히 살려 한다는 따위의 생각이 아니라 삶은 주어진 여건하에서 최대한으로 충실히 살아가야 한다는 것을 배웁니다. 노동의 참의미는 글쎄요. 겨우 이틀밖에 해 보지 않아서 잘은 모르겠습니다만 언제나 정직하다는 것일 거라고 생각합니다. 이 모든 정직한 삶들 앞에서 우린 모두 겸손해지지 않으면 안 될 것 같습니다.

우리 더욱 열심히 살아요. 서로를 의지 삼아서 말입니다. 며칠 하는 것도 이렇게 힘든데 한 달 두 달 아니 그 이상이었을 일들을 성미는 어떻게 해냈는지. 성미가 존경스러워집니다. 뿐만 아니라 이 이상으로 힘든 일을 하셨을 우리 어머니, 그리고 그 밖의 어머니들, 언니들 혹은 동생들. 모든 사람들이 제 눈엔 모두 성스러워 보입니다. 그렇다고 너무 걱정하지 마세요. 일은 그다지 힘겹지 않으니까요. 다만 너무나 단순한 일이기 때문에 정신적으로 피로가 조금 쌓이는 것 뿐이에요.

오빠, 우리들의 부끄럽지 않은 젊은 날을 위하여 건배 - 쨍 - 절대 흔들리지 맙시다.

1988년 7월 22일

연희

To. my brother 승진

상록인 촌락에 하나 둘씩 전등불이 켜지고 낮 동안의 먼지 끓던 시달림들이 조용히, 차분하게 침전되고 있는 지금 모처럼의 여유를 지니고 펜을 들어 봅니다. 정말 어수선하고 슬픈 날들이었습니다. 언제나 냉정함을 잃지 않으며 살려 했는데, 그것이 최상의 길이라고 생각했는데 그렇지 않군요. 이젠 그렇게 외로워할 까닭이 없어졌기 때문입니다. 슬퍼지면 진심으로 위로해 주는 이들이 있고, 더 많은 기쁨을 아낌없이 나누어 주려는 이들이 있습니다. 그들은 사랑 담긴 언어로 내게 충고해 주고, 주책없이 운다고 해서 나무라지도 않고, 나의 나약한 모습을 보고서도 실망하지 않으며 내게 더 높은 것을 원하지도 않습니다. 그래서 제게 살아갈 날이 주어졌다는 것이 얼마나한 기쁨인지요. 동기야 어찌 되었든 간에 인간에 대한 깊은 불신과 증오들은 결국 자신이 만들어 낸 허상이란 것을 압니다.

사랑하는 데 이유가 있을 수 없다는 것을 믿지 않았습니다. 우습다고 생각하시겠지만 그 이유를 찾기 위해 많은 생각을 해 보았지만 지금까지의 결론은 사랑하지 않으면 안 되는 숙명이 아닌가 생각됩니다. 사랑만 하며 살아도 부족한 삶 부디 미워하지 말고 삽시다.

우리 서로 사랑을 표현함에 어색함이나 부족함 없도록 그렇게 삽시다.

1988년 9월 6일

From. your lovely sister

승진 오라버니 보십시오.

보내 주신 글들 잘 받아 보았습니다. 그런 오라버니 바로 곁에 있으면서도 도움을 주지 못하는 못난 연희를 용서해 주세요. 지금은 새벽입니다. 아무도 없는 텅 빈 교실 안에서 조금이라도 나의 세계를 만들고 싶어 이렇게 일찍 학교에 옵니다. 그런데 생각한 것처럼 쉽지가 않군요. 새벽바람이 매서워졌어요. 곧 겨울이 되겠군요. 어제 오라버니의 웃는 얼굴을 보니 참 좋더군요. 그것 보셔요. 그렇게 오라버니는 다시 웃을 수 있지 않습니까. 보란 듯이 다시 서야 할 곳에 서 있지 않습니까?

사랑 많은 오라버니, 늘 오라버니 앞에선 부끄럽답니다. 많이도 세속적이고 또한 더럽혀져 있어서일까요? 우리가 이 세상 사는 날까지 늘 한결같은 사랑으로 살아간다면 얼마나 좋을까요. 우린 그렇게 살아요. 학력고사가 40여 일 정도 남았군요. 세월처럼 빠른 게 없다는 말이 실감 납니다.

자! 마음을 굳게 먹고 최선의 노력을 다하는 겁니다. 용기를 내세요. 결전의 날까지 한결같은 강인함으로 싸워 나가시길 믿습니다. 또 연락드리겠어요. 파이팅 승진!

1988년 10월 31일 새벽에

연

승진 오빠께

한 번에 두 통씩이나 오빠의 편지 받고 기뻤습니다. 오빠의 생일 진심으로 축하합니다. 그리고 거듭 오빠에게서 내겐 너무나 과분한 사랑을 받고 있는 것이 아닌가 하는 생각이 들었습니다. 저처럼 못나고 거짓투성이고 능력 없는 사람을 이토록 사랑해 주는 사람들이 있다는 건 과연 행복하기만 한 건지 누가 말하듯 사람은 과연 아름다운 착각인지요. 어쩌면 사랑이란 없는 것이기에 그리도 많은 사람들이 목마르게 찾고 있는 것이 아닌지요. 그런 바보 같은 소리 그만두라고요?

저도 요즘 사랑 때문에 참으로 많이도 고민하고 있습니다. 잘 마시지도 못하는 술을 잔뜩 먹어 놓고는 흐느끼며 지껄이기도 하고 술 마시고 내뱉는 소리는 진실이라고들 하지만 전 확신할 수 없습니다. 과연 내가 진실했었는지 대답할 수 없습니다. 자신이 없어요. 과연 참으로 아파하고 있는지도 알 수 없습니다. 부끄럽기만 합니다. 모두가 참으로 나를 모르고 게다가 오해하고 오판하고 모두가 두렵습니다. 우리가 약속할 수 있는 건 없습니다. 확신할 방법도 없습니다. 진실도 없습니다. 인간은 얼마만 한 크기의 거짓을 두를 수 있는 것일까요. 네, 그래요. 바보라고 말해 주세요. 절대 그게 아니라고 말해 주세요. 모든 인간들에게서 느끼고 실망감 그리고 허탈 염증이 모든 것들을 떨어뜨려 버리고 싶어서 전 찾으려 했습니다. 가장 인간적인 모습을, 가장 인간적인 사랑을 말입니다. 하지만 찾았다고 생각한 순간 그것이 거짓임을 알았을 때 전 다시 비참해질 수밖에 없었습니다. 오빠에게 이런 바보 같은 모습 보여서 오빠가 아파한다면 전 다시 오빠에게 편지하지 않겠습니다. 오빠가 내게 진실한 아픔을 보였듯이 저 또한 마찬가지입니다. 누군가에게 푸념을 털어놓고 공감을 얻을 수 있다면 그것으로 족하지 않은가요. 모든 것은 시간만이 해결해 주리라 믿으면서 전 살겠습니다.

오빠, 우리 열심히 살아요. 언젠간 꼭 찾을 수 있다고 믿으면서 아니 언젠가 깨달을 수 있다고 꼭 믿으면서 살아요. 전 정말 강해질 겁니다. 그리고 강해지고 있습니다. 다음에 시간이 나면 오빠와 긴긴 얘기 나누고 싶군요. 더위도 끝나 갑니다. 시원스레 비도 내리고 이 여름과 함께 아팠던 기억들은 모두 씻어 버릴래요. 오빠, 전 오빠와 상록회 식구들이 모두 잘되었으면 좋겠어요. 모두가 행복해졌으면 좋겠어요. 대학을 간다고 행복해진다고 장담할 순 없지만 떳떳이 자신의 일을 해 나가는 오빠들의 모습 보고 싶습니다. 오빠, 다른 오빠들도 채찍질해 주세요. 모두가 함께 기쁨을 나눌 수 있도록 말입니다. 그럼 잘 먹고 잘 살길…….

1988년 8월 20일

연희

승진 오빠 보십시오.

오빠의 편지 잘 받아 보았습니다. 이번 주는 정말 힘겨운 나날이었습니다. 무언가 특별한 이유에서가 아니라 이런저런 걱정거리들이 많이 생기더군요. 철저히 혼자여야 했습니다. 그런 중에 오빠의 편지를 받아 보니 어찌나 기쁘던지(오빠도 기쁘죠?).

인간이 비록 희망된 생각을 품고 산다 해도 절망이 더 많은 법인가 봅니다. 그 희망마저 저버린다면 그 안에서의 자그만 기쁨도 맛볼 수가 없습니다. 귀하기에 더욱 값진 것이겠지요. 언제나 샘물 같은 희망을 버리지 말고 삽시다. 요즘 학교생활은 엉망입니다. 어제(토요일)도 네 시간 내내 짝꿍하고 장난만 치고 전철 안에서는 졸고 일찍 자고 왜 이렇게 공부에 싫증이 나는지 무언가 하나에만 매달리고 싶은데 말입니다. 학교생활과 비등하게 교외활동도 많은지라 조화시키기가 어렵습니다. 하지만 어려운 일일수록 더욱 오기가 생기니 다행이죠. 연희는 곧 기운을 차려서 또 웃을 겁니다. 웃고 웃고 또 웃고…….

오빠의 학원생활은 어떤지요. 항상 오빠들이 건강하게 학원생활해 나가 주기를 바라고 있습니다. 무엇보다도 건강이 제일이니까요. 인간은 제각기 홀로여야 하지만 둘이라는 개념이 없었다면 홀로라는 개념도 없었을 겁니다. 서로 의지되어주고 믿음이 되어 준다면 홀로는 외롭지 않을 겁니다. 그렇죠? 그럼 다음에 소식 띄울 때까지 안녕.

연희

승진 오빠께

오늘은 무척 더운 날이었습니다. 새벽바람을 맞고 학교로 향해야 하는 이유로 해서 꽤 두꺼운 잠바를 입고 갔는데 종일 헉헉거렸습니다. 선뜻 벗어 던지지도 못하겠고 해서 오늘 역시 절망의 날이었습니다. 이젠 내 자신에 대한 신뢰감마저 동정심마저 가질 수 없습니다. 너무나 안이하고 나태한 생활들, 젊은이의 고뇌와 방황은 이런 식으로 해서 인정되어선 안 되는 것인데 역시 무거운 몸을 이끌고 집에 돌아와 보니 나를 기다리고 있었다는 듯 하얗게 고개를 내민 오빠의 편지. 오빠의 편지로 해서 어찌 된 일인지 금방 힘이 솟는 것 같아요.

등산 가던 날 솔직하게 말하자면 저도 무척 걱정이 되었어요. 비단 오빠뿐만 아니라 저 역시 제 의지력이 의심스러웠지요. 하지만 오빠를 보며 희망을 갖게 되었습니다. 인간의 나약함이란 결코 겉으로 드러나는 것에만 있는 것은 아니랍니다. 아무리 육체가 건강하고 아름답다 하더라도 정신이 말도 할 수 없이 썩어 버린 영혼들이 얼마나 많습니까? 저에 비한다면 오빠야말로 의지력이 강한 사람입니다(내가 너무 비행기를 태웠나?) 오빠에게 그렇게 말해 주고 싶었어요.

우린 진정 하나이기를 바라는 만큼 그렇게 가까워지고 있다는 걸 느낍니다. 중간고사가 내일모렌데 가야 할 길에 들어서지 못하고 망설이고 조바심만 내던 제가 오늘은 열심히 공부할 수 있을 것 같습니다. 오빠만이 우리에게서 힘을 얻고 용기를 배우는 것이 아닙니다. 우리가 하나인 만큼 하나 된 마음자세로 나누어 주고 나누어 가짐이 옳지 않은가요? 그렇죠?

저도 이틀 동안 근육을 풀어 내느라 고생했습니다. 성미와 수진이도 그날 이후 더욱 친해진 것 같고요. 우리 셋의 공감대가 더욱 넓어졌습니다. 참 다행스러워요. 그리고 감사하게 생각합니다. 내 비록 자랑할 만한 것은 갖추지 못했지만 우리 상록인들의 우정만은 어디에 내놓아도 부끄럽지 않을 겁니다. 그렇게 악착같이 산을 타던 욕심으로 공부한다면 족한 성적이 나올 것이라 기대하며 책상 앞에 앉았습니다. 누구보다도 많은 교외활동. 어쩌면 주객이 바뀌어 버렸을지도 모르는 경솔함을 자각하고 제 생활에 충실하리라 다짐합니다.

오빠, 다시 만나는 날까지 공부 열심히 하시고 끼니 거르지 마시고 그리고 많이 웃으세요.

여언~희가

연희의 편지를 받고서

연희……. 그 이름만으로도 제겐 소중한 사귐에 마음이 따듯해집니다. 늘 해맑은 웃음과 넉넉한 마음 씀으로 저와 친구들을 편안하게 해 주었습니다. 책을 좋아하고 음악을 좋아하던 그 모습이 떠오릅니다. 하기야 제가 맨 처음 본 상록인이 바로 연희였습니다. 친구를 통해 소개받은 상록독서회 글모음 4권(1987년) 회지에서 이 친구의 시를 보았습니다. 왜 그런지 슬픔이 느껴지면서 맑게 흐르는 강물처럼 고운 구절이 가슴에 담아졌던 기억이 납니다.

이 책을 마무리한 시점에, 우연찮게 이종육촌누나(박지원)를 통해 상록독서회 홈피를 알게 되어, 이 시를 찾아냈습니다. 그러니까 제겐 아주 오래전, 그러니까 꼭 23년 전의 추억을 되살려 낸 감격스러운 시입니다. 이에 게재하렵니다.

사실 독서회 홈페이지(http://cafe.naver.com/evergreen21.cafe)엔 실명이 나오나 이름은 가명으로 합니다.

불깃

이연희

너와의
우연찮은 만남으로 해서
나는 비로소
꼭 간직하고 싶었던 소중한 것을
찾게 된 것 같았다.

그렇게 소중한 의미 속을 헤매던
순간순간
나는 어느새 너와의 만남을
꿈꾸고 있었다.

나만이
너를 느낄 수 있어도 좋았다.
까닭 없이 치닫는 의미를 찾아
방황했던 것마저도
내겐 커다란 기쁨이었음을
너에게 자랑스런 미소로써
부끄럽게 속삭이고 싶었던 때도
가끔 있었다.

너와 함께였던
지난 시간들
단 한순간이라도 그냥.

아! 상록독서회가 펼쳐 낸 '문학의 밤'에서 연희가 기타를 치면서 부른 노래에 그만 마음을 빼앗기고 말았습니다. 어쩌면 저렇게 예쁜 소녀가 있을까 싶었습니다. 그래서 그런지요. 제 딸 사랑이가 문학과 음악을 즐길 줄 알고, 기타를 치면서 노래를 부르면 좋을 것 같아서 권하곤 합니다. 그날로 독서회에 가입하였던 기억이 납니다. 그렇게 맺은 오누이 같은 사귐에 늘 가슴이 떨려 오는 설렘과 기대감으로 책을 읽고 토의하는 것보다 사귐이 더 좋았던 기억이 납니다.

연희의 편지는 또박또박 정자체로 써 내려간 글씨로 정성스러움이 느껴집니다. 지금 보니 만나면 반말을 하는 오누이인데 편지는 경어체로 예의를 갖춰 나간 점이 눈에 띕니다. 거리감은 아닌 듯하고 정성을 다하려는 듯합니다. 서로의 아픔을 나누며 살자고, 먼 훗날에도 고운 사귐을 갖자고 하는데 지금 우린 젊은 날의 소중한 추억으로만 간직하고 말게 되어 아쉽습니다.

연희야! 보고 싶다. 혹시 너도 가끔은 푸른 하늘 바라보면서 너와 친구들을 생각하겠지.

::성미가 보내 준 편지모음

승진 오빠!

내 사랑

서정윤

내게 하나뿐인 그 사람 지키리라.
그 사람 나를 떠나 먼 곳으로 가는 날
붉은 빛 울음을 울어 보리라지만
그날이 오지 않기를 빌어봅니다만
그날이 오더라도 살아야 하기에
오늘도 서글픈 이별연습을 하네.

새로 시작하는 마음으로 이 한 해도 열심히 사는 오빠 모습 보고 싶어요. 언제나 마른 몸매로 나를 샘나게 하지만 결코 허약해 보이는 인간 像(상)과 다름을 보여 주는 오빠가 보기 좋아요.

오빠에겐 친구인 예수님이 계시니 얼마나 좋아요.

나도 이제 그분을 사랑하고 싶습니다.

나약함을 인정하며 살고 싶어요.

오빠의 하나뿐인 사랑도 아름다움을 잃기 전에 오빠 자신을 위로

할 길을 찾으세요.

이제 졸업하고, 5월이면 성인의 날을 맞아 모두들 스물한 해를 우리는 어른이 되는 거예요. 축하해요. 그리고 사랑하며 살 기예요. 나를 내 운명을

그리고 내가 사랑하는 모든 이들 그리고 내가 나를 사랑하는 이를 영원히 지킬 거예요.

그동안 보내 준 편지, 오빠 진실 모두 고맙게 받았어요. 행복한 오빠 되길 빌어요.

1988년 2월 16일

성미

TO. 승진

생일 축하해요. 우리의 아름다운 만남을 주신 하나뿐인 오빠의 신(神)께 감사드려요. 88해를 넘기며 더욱더 밝은 해를 위해 땀 흘려요. 눈도 없는 파란 겨울에 잃은 모든 것을 잊을 만큼의 큰 것을 얻을 수 있기를 빌어요.

이별 없이 사랑할 수 있다면 재미없겠죠. 실패 없는 성공은 그 값어치를 쉽게 인정받지 못하는 것. 아름다운 시작이었듯 마지막도 눈부신 화려함으로 막을 내려요. 달빛에 문둥이가 아기 먹듯 웃음 속에 눈물을 감추며 잔잔한 연못에 작은 파문이 일듯 그렇게 살아요.

늘 횡설수설하며 우왕좌왕하며 멋지지만 쉽지 않은 삶을 사는 이답게 너무 자신만만하지도 않고 기죽지도 않는 그런 삶을 살아요. 주님이 동행하는 이는 항상 기쁘다면서요. 결코 후회 없는 만남이기를 기원하며.

恨(한) 많은 여인 드림

恨

한은 눈물이었다.
가슴에 퍼런 멍울이었다.
문지르는 손길이 따사롭긴 해도
두 눈엔 눈물빛 하늘이었다.
평생을 울어도 다 울지 못할
파란 연못이었다.
한은 상처였다.
두 눈을 다 감싸는
커다란 구멍이었다.

TO. 승진

정말 축하해요. 다시는 방황하지 않으리라는 말은 우리 모두가 쉽없이 내뱉는 말이기도 하죠. 한 달의 방황이 몇 시간의 낮잠으로 끝났다니 다행스럽기도 하고 조금은 허망해요(농담입니다).

우리의 신을 바라보고 부르고 싶을 때 부를 수 있는 것이 얼마나 행복한 일인지 몰라요. 인간성을 찾고 싶어 신을 찾았어요. 가장 인간다운 것이 사랑이래요. 인간적인 것은 자연스럽고 꾸밈없는 멋이래요.

진정한 사랑의 조건이 진실이랍니다. 시를 사랑하고 삶을 사랑하는 누군가가 말했어요. 그렇게 그리고 힘을 내어 살라고요. 아무리 작은 점에서도 그 점보다 작은 원을 그릴 수 있다고요. 우리가 아픈 것은 단지 우리에게만 국한되어 있지는 않아요. 살아가는 모든 인간에게 주어진 숙명이라 생각해요. 아무것도 아닌 진실은 진실입니다. 내 진정 오빠들을 사랑하고 그 이상으로 나를 사랑해요. 때문에 실천했어요. 만남의 중요함을 아는 까닭에 앞으로도 나는 나이기로 했어요. 난 나잖아요.

받는 데만 익숙해진 나를 발견하고 놀랐어요. 주면서 깍쟁이 아닌 삶을 살래요. 다시 한번 축하해요. 열심히 노력해서 좋은 꿈의 열매 맺으세요.

1988년 3월 31일

美

TO. 승진 오빠

점등인의 별에서

서정윤

죽음을 함부로 말할 수 없는
점등인의 별에서
고통은 시작된다.
생명은 생명으로 이어지고
내 손에 들려 있는
그리움의 단어들이 살아 일어나
온 하늘 어지럽히고 있다.
아픔이 오는 곳은
만남보다 높은 아득함
내 속에 자라는 별빛, 보듬으며
가야 할 곳을 알고 있는 나는
고개를 세운다.
나무들이 항복의 자세로
그들 다음의 질문을 채우고
빈손의 언어들이
저들끼리의 사랑으로
먼 하늘을 가리키고 있다.
정지된 전설의 별에선, 오늘도
사랑의 등이 켜지고…….

이젠 장마도 지나려는 듯 거리엔 눈부신 햇살이 넘쳐나고 있습니다. 어젯밤엔 소나기가 지붕과 차양 위로 두드렸지만 변덕스러운 비를 못 믿어서인지 오늘도 어김없이 가방 안에 우산을 넣었습니다. 어제 받은 오빠의 편지에서 어느 때와 다른 힘참을 보았습니다. 오빠의 신앙·생활 식지 않는 사랑을 남들이 비판할지라도 비관하지는 마세요.

모든 이들이 오빠 같지 않음을 알고 있으면 커다란 상처가 되지는 않으리라 믿어요. 그리고 변화에 대한 거부! 오빠 힘들겠지만 변화하는 모든 것을 받아들이려고 노력해 보세요. 그리고 그것이 참된 것임을 인정하세요. 거부하고 거짓이라 자학하지 마시고.

인생은 아름다움이에요. 적어도 지금 이 순간만은. 자학하지 말고 열심히 오빠가 추구하는 길을 갈 수 있기를 빕니다. 우리 여행 재미있게 지내길 빌어 주세요. 홀로 남아 땀 흘리는 자에게 하나님의 사랑이 함께하시길 빕니다.

오빠에게 무엇보다 필요한 것은 자기 사랑입니다. 하나님을 믿는 우리 승리하는 삶 살아요.

1988년 7월 23일

성미

※ 발표 아직 안 했어요. 아마도 성미를 거부하는 몸짓인가 오늘도 희망의 빛이 회색임을 슬퍼합니다. 지금은 했죠.

TO. 승진

정말 오랜만에 펜을 듭니다. 그동안 꽤 오랜 시간을 연락 없이 살다가 문득 할머님 소식을 들었습니다. 그러나 위로 한마디 궁색스레 하지 못하고 스쳤는데 이리도 많은 변화가 오리라 생각지 못했습니다.

세상은 어렵게 살려는 이들에겐 조금의 호의도 가져 주지 않음을 알았습니다. 쉽고 지혜롭게 사세요. 마음먹은 대로 다 되지는 않아도 태양을 향해 쏜 화살은 태양 가까이 간다는 말이 있습니다. 정해진 목표가 있다면 적어도 나보다는 행복하지 않습니까. 삼수에서 그쳐야겠죠.

저에게 항상 좋은 평가를 해 주는 승진 오빠! 항상 고통스럽게 보였나요. 자신의 고정관념으로 타인을 관찰하는 것은 나빠요. 아무튼 용기를 내세요. 아직 가 보지는 않았지만 머지않아 나도 가고 오빠도 가야 할 곳이 아닌가요. 그래요. 잊혀 가던 상록인! 오빠로 인해 되찾았어요. 언제 잊힐지 모르는 단어지만. 푸름을 잃지 않고 육신의 끝을 보고 싶군요. 타임캡슐도 개봉하고…….

기운 내세요. 지금이라도 늦지 않았어요. 5개월은 짧지 않아요. 행운이 함께하길 기원합니다. 위선이 아닌 신앙으로 산다고 믿으세요. 자신을 좀 더 다정하게 이해하세요. 합리화가 아닌 사랑으로 말입니다.

1989년 7월 24일

성미

나를 사랑한다는 승진 오빠에게

내 생애가 한 번뿐이듯
나의 사랑도 하나입니다.

오빠! 오늘은 내 웃음과 내 기쁨의 샘이 부활한 날입니다. 아니 정확히 말하면 어제 오빠와 헤어지고 연희 집에서 난 모든 괴로움을 토해 냈습니다. 내 슬픔과 모독을 모두 토하고 난 다시 얻었습니다. 사랑과 웃음과 즐거움과 자신감을……. 오빠에게 선언했던 마지막이 바로 처음임을 깨닫고 오빠의 충고 듣기 싫어 외면했던 내가 부끄러워 이렇게 사과의 뜻으로 펜을 듭니다.

오빠 말 고마웠지만 그때 내겐 묵묵히 내 슬픔을 토해 낼 상대가 필요했지 충고할 사람이 필요했던 것은 아닙니다. 나를 구속하는 많은 것들로부터 해방되려면 오랜 시간이 흘러야 할 거라 믿습니다. 외사랑으로 끝나 버린 내 지난 숱한 사랑과의 결별을 축하해 주시지 않겠어요? 이제 슬픈 사랑은 싫어요. 두려워요. 나 이젠 한 사람만을 사랑하고 싶어요. 오직 한 사람만을 내가 선택받지 않고 선택한 사람을 사랑하고 싶습니다.

오늘은 가을도 아닌데 입추를 일주일 남기고 고교생활의 마지막인 양 마냥 슬퍼지는군요. 오늘 향기 오빠를 만났어요. 하지만 오랜 시간 같이하지 못하고 집으로 와야만 했던 이유. 어제 연희 집에서 자고 왔는데(물론 전화는 했죠) 아빠가 벼르고 있다는 거죠. 아빠 오시기 전에 귀가해야 했기에 서둘렀죠. 며칠 전에 "넌 부모를 우습게 안다"라는 아빠 말씀에 좀 충격을 받았던 나이기에 좀 내 자유분방한 생활을 죽이려 해요.

공부 열심히 해서 원하는 대학 가기를 빌며 나의 부활을 축하하며 (난 예수는 아니지만 부활했습니다).

8월 1일

성미

TO. 승진 오빠

즐겁고 기쁘게 자신감 가지고 살아가는 오빠 모습 보노라면 흐뭇해요. 늘 수줍고 아픈 성미보다 잘 사는 것 같아 배도 아프고 부럽기도 해요. 사진 너무도 아름다웠어요. 그 하늘과 구름, 바다 그렇게 아름답게 황홀하게 나를 이끌며 살고 싶어요. 더 이상 아프지 않고 더 이상 슬프지 않아도 될 그런 삶을 살고 싶어요.

승진 오빠가 부러워요. 하나님을 알고 예수님을 친구 삼은 오빠가 부러워요. 무슨 자만성도 이기심도 아닌 그 무엇으로 인해 내 맘속에 모시고 사모할 수 없어요. 이제 나를 사랑하며 배타적 이기심이 아닌 인간적인 이기심으로 살고 싶어요. 오빠의 꿈이 이루어지길 빌듯 내 꿈도 뭔가 이룰 수 있기를 기도할 만한 꿈이 확실치 않아 슬픕니다. 푯대 없는 삶이 너무 무기력해요. 희망이 없어요.

오빠, 내가 지은 죄로 인해 내가 아픈 거라면 언제쯤 이 고통이 끝날지요. 죽을 때까지 따라다닐는지……. 오빠! 내 속에 무엇이 있는지 아세요? 돌, 바람, 시, 사랑, 사람, 집, 나, 너, 우리, 이 모든 것이 불협화음을 이루고 날 괴롭히고 있어요. 오빠 치료약을 주세요.

9월 17일

성미

승진 오빠!

나를 대상으로 한 시입니까?

너무도 아름다운 언어였습니다.

설마 나를 상대로 쓴 것은 아니겠지요.

그토록 아름다운 눈빛의 여인이 오빠 곁에 있다니 행복하겠어요.

오빠의 삶에 나의 빛깔이 적용되지 않기를 바라겠어요.

언제까지나 아름다운 이름으로 남기를 바라지는 않아요.

오빠의 삶에 스쳐 간 그림자로 남더라도 만남이 아무리 악연이었다 해도 만나지 않은 것보다는 다행임을 깨닫는 현인이 되기를 모두에게 말하고 싶어요.

자! 내일을 향해 출발해요. 빠앙!

성미

Dear. 승진 오빠

벌리서 반짝이는 별님과 같이
의좋게 사귀고서 놀아봤으면
높푸른 하늘나라 별님의 나라
그곳에 나도 가서 살아봤으면.

오늘 병원 잔디에 누워 밤하늘을 보았어요. 흐린 하늘에 희미하게 보이는 몇 개의 별을 보고 이 노래를 했죠. 어릴 때 그토록 좋아했고 보아 왔던 별. 이렇게 나이를 먹고 슬픔을 이겨내야 할 만큼 살아 버린 내게 말없는 위안을 주데요.

오빠! 아름다운 눈을 가진 사람이 바라보는 세상은 모두가 아름답게 보인다죠? 오늘 시장엘 갔어요. 병원을 나와 사람 사는 모습을 보면 기운이 날까 해서 밤시장을 갔죠. 내 앞에 한 여학생이 지나가더군요. 참 부럽다는 생각을 했어요. 매일 밤 이 시장 길을 통해 집으로 가면 얼마나 행복할까 하고…….

불빛에 반사되어 아름답게 보이던 오징어. 떨이 오이……, 이 모두가 아름다운 삶의 모습이었어요. 아마 오늘 밤 오빠를 봤다면 그 못생긴 얼굴도 아름답게 보였을 텐데 아쉽군요.

지금쯤 어디에 있을까요. 우리의 그리고 나의 반쪽은 어디에서 무얼 할까……. 건강하시고 오래 사세요.

가을밤에 성미

TO. 승진

대망의 88년을 맞아 원하는 모든 것이 이루어지길 빕니다. 항상 건강한 모습 볼 수 있기를 바랍니다. 만남으로 인해 즐거웠고 그만큼 아파해야 했던 내 한 해였습니다. 스스로를 이기고 좀 더 강인한 모습으로 살도록 노력합시다.

1987년 12월 23일

서성미

光대

붉은 두 뺨에
움푹 팬 보조개

물방울 고깔모자에
분칠한 두 눈

아담한 작은 키에
뒤뚱이는 몸뚱이

심파조 이별에
헤- 벌어진 입술

불룩한 두 볼에
미끄러지는 눈물
눈물-.

고백

욕심 많은 성미가 고백합니다.

'난 휴학했던 일이 있다고 왜곡된 생을 살다 갈 수 없어 진실하고 싶어 펜을 든다고' 미안합니다. 그만큼 아팠던 지난날이 지나고 새날이 남았을 뿐입니다.

신을 사랑합니다. 내 몫의 십자가도 사랑하렵니다. 정말 즐거웠습니다.

알게 된 이후의 기억들이…….

美

성미의 편지를 받고서

오늘 새롭게 오랜 시간이 흐른 지금 다시금 보면서 눈시울이 뜨거워집니다. 모두가 잠든 이 시간 불현듯 보고 싶습니다. 어느 하늘 아래서 어떻게 사는지도 궁금합니다. 언젠가 받았던 고백의 의미, 얼마나 마음고생하면서 방황하면서 지냈는지 그저 어렴풋이 생각해 볼 뿐 자세히는 모릅니다. 그저 말해 주지 않으면 묻지 않았던 것 같습니다. 아마도 가정형편상 1년 휴학을 하였다가 복학한 것이니 사실은 저와 성미는 동갑내기였습니다. 그러니 오빠가 아니라 그냥 "승진아" 하면 될 것을……. 이게 무슨 비밀이라고 조심스럽게 고백을 한 것인지…….

사실 지금도 이해를 못 합니다. 편지를 읽고 또 읽어 보았지만 글과 글 사이에 스며 있는 듯한 아픔과 상처와 사랑을 그저 가슴으로 읽고 싶을 뿐입니다. 그저 상처 많은 여린 가슴에 이제는 고운 사람 만나서 잘 살기를 바랍니다. 늘 해맑게 웃음 짓던 성미의 모습이 그립습니다. 그리고 문득 성미에게 전해진 제 편지들과 그 속에 담긴 제 시도 보고 싶습니다.

아쉽게도 성미를 대상으로 쓴 제 시를 간직하지 못하였습니다. 그때 제 맘을 고스란히 드러낸 시였는데 정작 제게는 소유권이 없이 성미에게로 정해진 것입니다. 편지라는 게 이런 것 같습니다. 아마도 성미도 자신이 보낸 편지들이 이렇게 저 개인의 품 안에서 소중히 간직되던 것을 넘어서 종이비행기마냥 이렇게 넘실넘실 고운 자태를 뽐내게 될 줄을 상상조차 못 했을 것입니다. 하기야 저도 이렇게 하려는 마음이 생길 줄은 몰랐었지요.

예측불허, 그러기에 우리네 사랑은, 삶은 아름다운 것인가 봅니다.

아래의 시는 성미가 여고 2학년 때 쓴 시입니다. 시행과 시어 하나하나에 단아한 사랑샘이 느껴집니다. 시를 좋아하고, 쓰던 친구이니 계속 써 나갔다면 아마도 지금쯤 시인이 되었을 것만 같습니다. 연희의 시와 함께 성미의 시도 23년 만에 찾아내어서 게재합니다. 독서회 홈페이지(http://cafe.naver.com/evergreen21.cafe)엔실명이 나오나 이름은 역시 가명으로 합니다.

생

인생의 수레바퀴 아래서
상처받고 깨지기 쉬운 우리들
거짓된 웃음으로 타인과 만나
슬픈 공허를 맛보는 우리

자유를 갈망하면서도
스스로의 틀 속에 묶여 사는
어리석음을 가졌다.

꿈을 사랑하면서도
현실을 쫓으며 살아야 하는
숙명적인 아픔을 가졌다.

순수는 어린 시절의 무릉도원!
진실을 외면하고
쓴 미소 지어야 하는
현실을 가졌다

완전한 자유를 위해
운명에 역행하기도 했다.
한순간 값싼 투쟁이기도 했지만
지금까지 줄 수 없었던
나의 일부
이리저리 흩어져
억지 웃음 짓고 있을
거짓된 나를 거둬들이고 싶다.
이제 그만.

::수진이가 보내 준 편지모음

TO. 승진 오빠

알 수 없어요

한용운

바람도 없는 공중에 수직(垂直)의 파문을 내이며
고요히 떨어지는 오동잎은 누구의 발자취입니까.

지리한 장마 끝에 서풍에 몰려가는 검은 구름의 터진 틈으로
언뜻언뜻 보이는 푸른 하늘은 누구의 얼굴입니까.

꽃도 없는 깊은 나무에 푸른 이끼를 거쳐서 옛 탑(塔) 위의
고요한 하늘을 스치는 알 수 없는 향기는 누구의 입김입니까.

근원은 알지도 못할 곳에서 나서 돌부리를 울리고
가늘게 흐르는 작은 시내는 굽이굽이 누구의 노래입니까.
연꽃 같은 발꿈치로 가이 없는 바다를 밟고
옥 같은 손으로 끝없는 하늘을 만지면서 떨어지는 해를
곱게 단장하는 저녁놀은 누구의 시(詩)입니까.

타고 남은 재가 다시 기름이 됩니다.
그칠 줄을 모르고 타는 나의 가슴은 누구의 밤을 지키는 약한 등불입니까.

오늘 아침에 비가 온 덕분에 5월의 푸름이 더욱 푸르게 되어 있어. 지는 낙엽을 본 것도 어제 같은데 너무나 새파란 나뭇잎을 대하니까 새록새록 감정들이 새로워짐을 느껴. 앙케트 열심히 써 준 것 무척 감사해. 오빠는 왜 어떤 기분으로 어떤 마음으로 매사에 임하는지 궁금해.

난 풍부한 감정들을 다시 일으켜 세우려고 무던히 애를 쓰는 중이야. 지금 이 순간에도. 어제는 시험도 일찍 끝나고 해서 교외선을 타고 송추를 다녀왔어. 거기에 무언가 볼 것이 있나 찾아봤더니 유원지가 있었어. 계곡을 끼고 양쪽에 몽땅 술 먹고 춤추는 사람들만 보여서 실망도 했지만 맑은 물이 있어 그걸로 별로 좋지 않은 감정들을 씻어 버렸어. 내가 가장 좋아하는 달은 5월이야. 파릇파릇 새싹이 돋아나는 4월도 괜찮지만 5월 신록의 푸름이 너무나 좋아. 7, 8월의 푸름도 좋지만 그건 너무 초록색으로 너무 성숙해 버린 그런 느낌이 들어. 오빠는 어떤 달을 좋아하는지.

중간고사가 아직 이틀 더 남았어. 9, 10일 양일간. 시험 때문에 내 자신이 너무 매어 있다는 걸 느끼면서 참 속상해. 시험 때가 되면 유독 읽고 싶은 책도 많고 하고 싶은 일도 많으니 정말 걱정돼. 시험 끝나면 다 사그라지지만.

오빠 본 지도 꽤 오래된 것 같아. 벌써 2주일인가? 요샌 세월이 가는 건지 내가 가는 건지 점점 무감각해져서 걱정이야. 난 참 걱정도 많지? 중간고사 끝나면 시간이 날 때를 이용해서 열심히 놀아야겠어. 5월을 마음껏 즐기고 같이 호흡하고 싶어. 그러려면 밖으로 밖으로 나가야겠지. 금년 88년도는 수련의 해로 정해야겠어. 나 자신을 돌아보면서 미비한 점들을 고치고 상록회 식구들과 허물없는 우정을 다져야 하고 할 일이 많아.

요새 성미, 연희하고 대화를 많이 하다 보니까 서로의 마음을 어느 정도는 알 것 같아 기뻐. 그런데 오빠하고는 대화를 가져 본 적이 없는 것 같고 그래서 잘 알지 못하는 것 같아. 이 점 미안하게 생각해. 5월을 대화의 달로 정하는 것도 낫겠다. 오빠와 좀 더 많은 대화를 나눌 수 있도록 노력할게. 외형적인 모습을 안다는 것에만 열중해 온 나로서는 서로의 마음속을 알아본다는 것보다 더 재미있고 행복한 것은 없었어. 요새 그런 생각이 많이 들어.

사람을 허물없이 대하고 자신의 몸처럼 아끼고 사랑한다면 얼마나 좋을까. 항상 부족한 나이기에 열심히 노력하지만 사람을 잊지 않고 살아간다면 부족한 면이 메워지리라 봐. 요새 시 2편을 외웠어. 윤동주 님 「별 헤는 밤」, 한용운 님 「알 수 없어요」. 시험공부는 안하고 시만 외웠지. 그래서 성적은 형편없지만. 오빠 건강해. 안녕!

1988년 5월 7일

진

※ 어버이날을 맞아 부모님께 효도 잊지 마.

To. 승신 오빠

오빠! 정말 나한테 편지 받기 힘들지. 미안해. 자꾸 보낸다고 하면서 잘 안 쓰이더라. 변명은 그만할게. 난 오빠 처음 봤을 때 첫인상은 내 맘에 쏙 안 들었지만 지금은 달라졌어. 이 자연에 지금의 오빠에게 느낀 지금 상태를 적어 보잖아. 내 맘이야. 약 오르지. 정말 난 다른 사용하게 늘 말하곤 하는 말이 있어. “사람은 겪어 봐야 한다고.” 나 같은 경우에는 별로 이야기를 안 하거든. 왜 그러는지 나 자신도 모를 때가 있어. 정말 사람은 겉과 속이 너무나 판이할 때가 많다는 건 자주자주 느껴. 오빠도 동감하지. 나도 상록회를 통해 견문을 넓혀야겠어.

난 여태까지 너무 우물 안 개구리가 아니었나 싶어. 이젠 좀 더 큰 세상을 대할 때인 것 같아. 오빠하고도 벌써 3개월 이상 만나고 있는데 오빠에 대해서 전혀 모르고 있어. 오빠도 나랑 비슷하지. 물론 알려는 노력도 하지 않았고 또 3개월이라고는 하지만 만날 시간도 짧아서 서로 모르는 것도 오히려 당연하지 않나 그렇게 생각되기도 해. 한 사람 한 사람 만나는 사람마다 의미를 부여하고 그에 대해서 다 안다는 건 불가능한 일일지도 모르지만 그래도 하나의 목적으로 만난 이상 친해지고 싶어. 너무 횡설수설했지. 민망스럽구먼.

참! 오빠 고마워. 입시에 대해서 열심히 가르쳐 주려는 오빠 성의가 고마워. 나도 잘은 몰라, 내가 대학을 갈지 안 갈지를. 상고 나와서 좋은 대학 들어가기는 무척 어렵거든. 거기에 대한 두려움 때문에 나도 주저하는지도 몰라.

오빠 부탁이 하나 있는데 동양 철학에 관한 책이 있으면 좀 빌려 줘. 부탁해. 보내 준 엽서 편지 고맙게 받았어. 대학 입시 잘 봐서 꼭 붙길 바라. 열심히 하는 오빠가 되길…….

From. 수진

승진 오빠에게

사진과 함께 보내 준 편지 잘 받았어. 웬일로 사진까지 부쳤는지 모르겠어. 좀 이상하다. 어제 미숙이가 승진이 오빠가 사진 부쳐서 보내왔다고 했는데 오늘은 내가 받았어. 웬일이야? 요새 공부하기에 어때? 날씨도 선선하고 잘 되지. 가을이라는 계절이 새삼스레 좋아져. 낙엽, 단풍, 가을하늘……. 밟아 보고 쳐다보고 느끼면서 가을을 느껴……. 오빠는 어때?

공부하느라 정신이 없지. 하지만 약간의 시간을 내어서 가을을 느껴 봐. 내가 느끼고 본 가을을 오빠에게도 느끼게 하고 보여 주고 싶어. 오늘은 신입생 면접이 있어서 학교에 가지 않고 도서관에 와 있어. 아침 일찍 왔더니 도서관이 무척 조용해서 좀 의아하긴 했지만 사람이 없어서 좋았어.

남산을 아침에 오니까 조금 춥긴 했지만 한산한 길이 여간 좋지 않았어. 오빠도 구로도서관만 가지 말고 남산에도 한번 와 봐. 도서관보다는 오히려 올라오는 길이 굉장히 좋아. 눈 온 겨울 새벽에도 좋고, 여름 아침에도 좋아. 이제 몇 달 안 남았지? 시험 일자가. 조금 더 고생해서 오빠가 원하는 것 꼭 이루길 바라. 사 주기로 약속한 곰 인형 근사한 걸로 사 줄게. 오빠에게 행운의 여신이 미소 짓기를 빌어 줄게. 행운이 아니라 오빠의 노력이 더 중요하겠지만 언제 하루 시간 내서 지나가는 이 가을 충분히 느껴 봐. 알겠지. 공부 열심히 하고 잠도 잘 자고 건강하길. 안녕.

1988년 10월 7일

진

To. 승진 오빠

안녕 잘 있겠지?

편지 무척 무척 잘 받았어. 이틀이 멀다 하고 오는 편지 조금 부담스럽지만 기쁜 마음으로 받아. 요새 공부는 잘하고 있는지? 오늘 집에 오니까 편지가 와 있는데 굉장히 짧고 내용이 다 납득이 되지 않았어. 언제 썼는지는 짐작이 가는데 내용이 아리송해. 무엇을 전달하고자 하는지 완전 이해 안 됨.

오빠는 편지 쓰고 싶을 때 그냥 쓰나 봐? 그러니까 그렇게 자주 쓰지? 요새 보충수업과 자율학습으로 인해서 공부를 조금 하고 있어. 1년 동안은 정신 차리고 내가 해야 할 일을 해야 할 것 같아. 영어 문법도 해 두고 취업문제들도 풀어 봐야 하고. 내 작은 머리에 넣을 것이 너무 많아 복잡복잡. 머리가 혼란스러워.

요새는 책을 읽고 싶은데 시간이 나지 않고, 그렇다고 잠자는 시간까지 쪼개자니 무리인 것 같고. 책을 읽어야 하는데……. 오빠는 요새 공부만 해? 다른 것 하는 것 있으면 귀띔을 부탁. 안 해 줘도 되고. 오빠는 편지 쓸 때 거리낌 없이 쓰는 것 같아 편안해. 요샌 편지 겉봉에 많이 쓰여 있어서 약간은 당황해. 내 동생이 한승진이라는 사람이 누구냐고 자주 물어보잖아. 좋은 말이긴 한데 되도록 안에 써 줘 부탁.

봄이 우리에게 자꾸 스며들고 있음을 느끼니까 기분이 좋아. 오빠 생각은 어떠한지? 쑥도 파릇파릇해지고 땅속에서 파릇파릇한 것들이 고개를 내밀고 있는 것을 보고 있으니까 나도 파릇파릇해지는 것 같아. 봄이 오니까 야외로 나가고 싶은데 학교가 날 구속해. 휴일을 이용해야지. 오빠도 자연이 좋지? 난 너무너무 좋아. 산, 바다, 바람, 흙, 나무 모두모두 좋아. 그런데 자연의 일부인 인간은 별로야.

내가 끔찍이 여기는 이들도 있지만 간사하거나 교만하거나 잔인한 이는 정말 싫어. 그러나 이러한 이들도 사랑할 수 있으면 더욱 좋겠지.

오빠! 보내 준 편지 고마워. 정말 정말.

봄을 맞이하는 우리의 밝은 미소가 온 세상에 퍼지길…….

안녕.

※ 편지가 성의 없음을 이해.

진

승진이 오빠에게

벌써 여름의 분위기가 이곳지곳에서 느껴지고 있는 지금 오빠는 무얼 하고 있는지 궁금하다. 산에 갔다 와서 후유증이 없는지?

난 다리가 아파서 조금 고생하고 있지만 지금은 괜찮아. 난 오빠에게 미안한 일을 너무 많이 한 것 같아. 답장도 너무 오랜만이고 또 산에 오를 때 오빠가 힘들어하는 걸 이해도 잘 못 해 주고 정말 미안해. 나에 대해 실망을 느꼈었다면 깨끗하게 씻어 보내길…….

난 내가 생각하기엔 너무나 어리석고 세상을 잘못 살아가는 것 같은 – 착각인지, 사실인지 – 느낌이 늘어. 항상 모든 일에 사신 있게 대하지 못하고 머뭇거리고. 오빠도 느끼지? 너무나 형편없는 아이라고. 푸념해서 미안해. 시험이 5월 2일부터 시작이라 요샌 공부도 제대로 안 하면서 걱정만 하고 있어. 그렇지만 열심히 하려고 해. 잡념이 생겨서 탈이지만. 도봉산 갔다 와서 느낀 게 두 가지 있었어. 하려는 마음을 가지면 뭐든지 된다는 것 하나하고 인간의 육체라는 것은 거대한 자연 속에서는 너무나 약하고 가냘프다는 것 이것 둘이었어. 예전에 이런 것을 모르고 있었던 것은 아니지만 실제로 부딪치면서 깨달으니까 더욱 실감이 났어.

오빠는 약한 줄 알았는데 산을 잘 타는 것을 보고 한편으로 놀랍기도 했고, 부럽기도 했어. 자주자주 등산을 갔으면 좋겠다는 생각이 들었어. 산에 올라가 보니 마음도 확 트이고 기분도 좋아지고. 오빠도 그걸 느꼈지?

요샌 공부보다 노는 데 신경을 더 쓰고 있다는 걸 느끼고 그에 대해 많이 생각해 봤는데 그리 나쁜 것 같지는 않아. 공부보다 다른 활동에 더 치우치고 있지만 보람을 찾을 수 있을 것 같아.

승진이 오빠, 맨 처음에 오빠를 봤을 때는 그걸 못 느꼈는데 자주 만나고 보니까 다 알았다고 생각하고 있었는데 만날수록 더 오빠를 모르는 것 같아. 묘한 일이지. 만약 답장을 쓴다면 오빠 자신에 대해 간단히 서술식으로 좀 적어 줄래. 그냥 오빠에 대해 더 알고 싶어서 그래. 나에 대해서는 다음에 써 줄게.

앙케트 문제 4가지 낼게. 솔직하게 적어 줘.

1. 가장 외로웠을 때
2. 이 세상에서 가장 가치가 있다고 생각되는 일은?
3. 만약 오빠에게 지금 10,000원이 주어진다면?
4. 오빠가 보는 수진이

잘 적어 줘. 시험 보기 며칠 전이라 공부한다는 이유로 모든 생활에 나태해지려 하고 있어. 오빠가 나 '시험 잘 보게 해 주세요' 하고 빌어 줘. 시험 다 보고 나서 다시 편지 쓸게. 건강해.

수진

수진이의 편지를 받고서

역시 글에는 그 사람의 모습이 고스란히 담겨 있나 봅니다. 마치 정겨운 여동생이 보낸 듯 글에 다정다감함이 느껴집니다. 수진이의 편지를 받으면 글씨체가 귀엽고 산뜻하여 좋았습니다. 편지지와 봉투도 예쁜 걸로 골라서 보내 주었고, 자신의 생각과 느낌을 드러내는 데 솔직담백하였습니다. 편지를 보니 제가 편지 보내는 것이 편했나 봅니다. 생각나는 대로 꾸밈없이 그냥 쓰고는 또 쓰고 싶어서 겉봉투에 또 써내려 간 모양입니다. 서로 주고받았던 편지들이 소중한 추억의 나래로 간직하게 되기를 소망합니다.

수진이는 잔잔한 정이 많고 똑 부러지기에 아마 잘살 것 같습니다. 우리 친구 조용진과 결혼하여 사는 모습을 보고 싶습니다. 그러고 보니 독서회에서 만나 사랑을 키우고 결혼하였으니 독서회 커플입니다. 우리 독서회 이름대로 늘 푸르게(常綠) 살기를 바랍니다. 아쉽게도 수진이는 저처럼 연희와 성미보다는 좀 늦게 독서회에 들어가서 독서회 글모음 지에 글이 없습니다. 하기야 저도 글이 하나도 없으니 같은 처지인가 봅니다.

… 글을 마치면서

어느 작가의 글샘에 빠져들면 그 깊이와 매력에 흠뻑 빠져들어 쉽사리 헤어나오지 못합니다. 그래서 그 작가의 책과 글을 닥치는 대로 읽고 또 읽곤 합니다. 그런데 조금 지나게 되면 '이건 아닌데……' 하는 생각에 아쉬운 마음을 갖곤 합니다. 그 이유는 작가와 출판사가 저와 같은 열정적인 독자를 갖게 되면 아쉽게도 처음의 마음자세를 저버리고 상업적으로 치닫는 듯한 느낌을 주곤 합니다. 그러다 보니 깊이를 더해 가는 게 아니라, 엇비슷한 내용이 반복되어 식상함을 느끼게 됩니다. 물론 특정 작가의 책과 글을 치열하게 읽어 내다 보니 독자인 저의 역량이 커지고, 기대치가 높아짐도 있을 것입니다만 우려낼수록 진국이 되는 작가와 책을 만나지 못하는 아쉬움은 지금도 가슴 한편이 허전함을 느끼게 되곤 합니다.

그리고 우리나라 출판계의 안타까움은 바로 '부익부빈익빈(富益富貧益貧)'인 것만 같습니다. 어쭙잖게 책을 두 권 내 보고 느낀 것입니다. 책도, 작가도 몇몇 소수만 집중되는 듯합니다. 이러다 보니 저와 같은 무명작가들이 나오기가 어려운 현실이고, 나와도 부초(浮草)마냥 작가라는 정체성을 분명히 하고, 뿌리를 내리지 못하는 듯합니다.

글보다 그 사람을 포장하는 사회적 위치와 경력 같은 외양도 중요한 것 같습니다. 책도 디자인 등 외양을 갖춤이 더 중요한 게 오늘의 현실입니다. 사실은 이게 다 독자가 부담할 책값이 되는 것인데요. 화장이나 분장을 지우고 드러내는 생얼이 진짜이듯, 책도 작가도 생생한 글로 인정받아야 하는데 현실은 그렇지 못합니다. 하기야 글이란 게 글쓴이의 생각과 느낌과 의견을 고스란히 담아내지도 못하지요. 문득 글 쓰다 보면 저 자신도 미화되는 듯해서 지워 버릴까 싶은 충동에 사로잡힐 때가 많습니다만.

사실 제 글만 보면 아주 가정적이고, 사랑 넘치는 목사로 작은 농촌 아이들을 사랑하는 상록수를 꿈꾸며 실천하는 사도의 표상으로 보일지 모릅니다. 정말이지, 이건 아닙니다. 글은 사람을 다 담아내지 못합니다. 그저 글에 담긴 그 사람의 진실한 고백과 다짐을 바라봐 주고 공감하고, 교훈을 얻으면 될 것입니다. 이것이 바로 삼가 글쓴이로서 말씀 올리고 싶은 부탁의 말씀입니다.

제 글엔 제가 사랑하는 아이들의 이야기가 나옵니다. 앞으로의 글샘에서도 아비의 사랑을 담아 이런저런 좌충우돌 사랑이야기를 펼쳐낼 것입니다. 이에 대한 저의 마음가짐입니다. 그저 아이들을 사랑하며 양육하는 것만으로 감사하고 아이들이 주는 은혜를 알아 나가려고 합니다.

김동호 목사님의 『자식의 은혜를 아는 부모』가 전해 준 말처럼 부모가 자식의 효를 바라기 이전에 부모도 자식에게 예의를 지키고, 상처 주지 말아야 합니다. 오죽하면 젊은이 100명 중 약 70명이 자식이 부모를 미워한다는 보고가 있었다고 합니다. 하기야 부모가 자식을 제 뜻대로 만들어 가려는 모습에 눈살이 찌푸려지곤 합니다. 그저 자녀를 있는 모습 그대로 바라보며 살면 좋으련만…….

제 아이들을 떠올리면 '미숙아', '입양'이라는 말들이 우선이겠지요. 사실 우리는 알게 모르게 다른 사람의 아픔에 둔감하고, 몰이해를 갖고 사는 듯합니다. 또한 편견이라는 도수 높은 색안경을 끼고 사는 듯합니다. 이에 대해 당당히 말씀드릴 수 있습니다. 제 딸 사랑이가 920그램이라는 초극저체중 미숙아로 태어나 오늘에 이르는 동안 참으로 세상을 바라보는 시각과 아이에 대한 생각과 사람됨이 얼마나 성숙해졌는지 모릅니다. 그리고 제가 사랑하는 두 아들 겨레와 가람이를 입양하여 오늘에 이르는 동안 얼마나 행복한지 이루 말할 수 없습니다.

제 아들들이 장성하면 꼭 낳아 주신 부모님을 찾아뵙고 큰절을 올리고 효를 다하기를 바랍니다. 진심으로 제 아들들을 낳아 주신 분들의 은혜에 감사하는 기도를 올리곤 합니다. 남모를 사정상 양육을 하지 못하셨지만 그 말 못 할 사정으로 잠시잠깐 이기적인 판단에 따라 임신기간에 유산하셨다면 제 아들들은 이 세상에 나오지도 못하였을 것이고, 그러면 제가 소중한 아들들과 만날 수 없었을 것입니다.

제가 윤리를 공부하는 사람이지만 입양을 실행하고 보니 생부모님들의 양육권 포기에 대해 윤리적 잣대를 들이대기는 어려울 것 같다는 생각을 해 봅니다. 오히려 생명존중의 실천으로 감사한 마음입니다. '입양' 너무 어렵게 생각하여, 먼저 덜컥 겁부터 먹어서 그렇지 생각보다 어렵지도 않고 아주 좋습니다.

입양으로 맺어진 부부의 정과 자식 키우는 재미는 이루 말로 표현

못 할 행복입니다. 성경에 나오는 사울이 사도 바울로 바뀐 것이 눈에 쓰인 눈꺼풀을 벗어내고부터이듯이 우리가 지닌 입양에 대한 편견만 벗어던지면 아주 쉽게 얻을 수 있는 귀한 축복의 기회가 될 것입니다. 그걸 남보다 조금 일찍 알아서 겨레를 입양하고 연이어 가람이를 입양한 것입니다.

요즘 사랑이와 겨레와 가람이를 키우면서 신나게 삽니다. 그에 따라 제가 계획하고 준비한 것들을 내려놓아야 함도 있습니다. 어쩌면 이건 당연한 세상 이치일 것입니다. 더 좋은 것을 얻으려면 다른 하나는 포기할 수 있어야 할 것입니다. 사실 이 책을 내는 데도 어려움이 많았습니다. 지난 4월 19일자로 사랑이를 위한 책과 겨레를 위한 책을 동시에 출간하였습니다. 그리고 4월 28일생인 가람이를 입양할 생각을 하고부터 제겐 이제 셋째를 위한 책을 내기로 작정하고는 준비에 들어갔고 틈틈이 써 내려간 글들을 모으고 다듬어 나갔습니다. 그런데 이 작업이 지난한 시간이었고, 어려움에 봉착하곤 하는 것은 바로 아이들을 돌보는 일이었습니다.

어느 땐 아내와 함께 세 아이를 돌보느라 녹초가 된 몸을 간신히 추슬러 새벽녘에야 이 책을 엮어 나가는 작업에 임해야만 하였습니다. 이 무슨 사서 고생인지요. 그러나 제겐 아이들을 키우면서 느끼는 기쁨과 지혜를 책으로 엮어 나가는 재미로 하루하루가 금같이 되는 소중한 삶이었습니다.

이번 책은 제 아이들과 함께하는 이야기와 제가 사랑하는 학교와 제 삶의 여러 이야기들을 이리저리 엮어 본 것입니다. 이 책에는 고운 사람들의 허락하에 실명을 밝히고 받은 글을 그대로 드러낸 부분들이 눈에 띄셨을 것입니다. 이런 부분이 어눌한 제 글을 보완해 주기도 하고, 보석처럼 빛을 발할 것입니다.

다시 한 번 이 책에 참여해 주신 귀한 분들께 머리 숙여 진심으로 감사드립니다. 그렇게 보면 이 책은 저만의 책일 수 없습니다. 이 책은 사랑하는 셋째 아들 한가람에게 주는 선물이니 제 것이 아닙니다. 그리고 여러 분들의 옥고(玉稿)가 함께 어우러졌으니 저만의 글이 아닌 공저(共著)일 것입니다.

아니 그저 정리한 것일 뿐이니 제 이름 석 자는 글쓴이로 보기도 어려울 것입니다. 그럼에도 일단은 형식적인 틀이나마 저자에 제 이름을 올려놓음은 어디까지만 글에 대한 모든 책임과 돌팔매는 저만 받고자 함입니다. 그러니 잘 되면 제 아들 가람이와 함께해 주신 분들의 은혜이고 못 되면 다 제 탓임을 분명히 해두려 합니다. 글을 마치면서 이렇게 말씀 올림은 제가 겸손해서가 아닙니다. 이것이 제 진심을 드러냄입니다.

제 책에 실명을 거론하고 글을 드러냄에 단 한 분도 거리낌 없이 쾌히 허락해 주셨습니다. 다들 겸양의 말씀으로 글이 부족하나 제가 알아서 할 것으로 믿는다고들 하시는 말씀에 감격스러워 어찌할 바를 모를 지경이었습니다. 그래서 이 책을 내는 지난한 과정 동안 기쁘고 행복하였습니다. 이리저리 치이는 여건이라 미처 정리하지 못한 원고들을 추슬러 연이어 이런 형식의 글샘을 길어 올릴 것을 약속드립니다. 적은 숫자라도 제 글을 읽어 주시는 분들을 위해 더 열심히 읽고, 생각하고, 느끼고, 쓰면서 책으로 엮어 내고자 합니다.

삼가 독자 여러분의 반응으로 편지나 이메일 등을 보내 주시면 가급적 답신을 하면서 사귐을 갖고자 합니다. 그러다 보면 글쓴이와 읽는 이가 친구가 되고, 도반이 되고, 공동저자가 될 것입니다. 글을 마치고 보니 참으로 어눌하여 책을 내놓음이 부끄럽기 짝이 없지만 이렇게 책을 냄이 참 신기하고 감사한 마음입니다.

늘 좌충우돌 이리저리 헤매는 저를 불꽃같은 눈동자로 지켜봐 주시고 참아 주시고 다함없는 사랑으로 이끌어 주시는 하나님께 감사드립니다. 하나님의 사랑이 충만한 생명수가 되어 흐르는 가람처럼 온 누리에 퍼져 나가기를 두 손 모아 기도합니다.

한가람 아빠
한승진 올림

한승진

1969년생으로 서울 구로동에서 나고 자랐다. 현재 익산 황등중학교에서 학교 목사와 선생으로 그리고 황등교회 아동부 목사로 살면서 공주대 윤리교육학과 박사과정 중이다. 지난 2004년 6월 2일 초저체중 조산아로 태어난 딸(한사랑)이 98일간의 신생아중환자실의 고통을 이기고 잘 자라 주는 것에 감격하고 늘 감사하면서, 이 일을 통해 한 생명의 소중함을 깨닫고 생명의 소중함을 늘 되새기며 살아가고 있다. 퇴근 후, 사랑하는 아내와 아이들과 함께 논길을 거닐며 이야기하기를 좋아한다.

2010년 2월 월간 ≪창조문예≫ 수필로 등단하였으며 저서로는 『사랑한다 내 딸 사랑아』, 『아빠와 함께 읽는 성경이야기』가 있다.
현재 주간 ≪크리스챤신문≫에 '한승진 목사의 교육이야기'와 월간 ≪기독교육≫에 '쉽게 읽는 기독교윤리'를 연재하고 있다.

esea - @hanmail.net
http://cafe.daum.net/hanlove0602

사람은 잇대어 살아야 해요

초판인쇄 | 2010년 9월 3일
초판발행 | 2010년 9월 3일

지 은 이 | 한승진
펴 낸 이 | 채종준
펴 낸 곳 | 한국학술정보㈜
주　　소 | 경기도 파주시 교하읍 문발리 파주출판문화정보산업단지 513-5
전　　화 | 031) 908-3181(대표)
팩　　스 | 031) 908-3189
홈페이지 | http://ebook.kstudy.com
E-mail | 출판사업부 publish@kstudy.com
등　　록 | 제일산-115호(2000. 6. 19)

ISBN 978-89-268-1488-8 03040 (Paper Book)
978-89-268-1489-5 08040 (e-Book)

어담 Books는 한국학술정보(주)의 지식실용서 브랜드입니다.